당신의 위대함

The Science of Being Great

당신의 위대함

THE SCIENCE OF BEING GREAT

발행일 2025년 1월 24일
지은이 월리스 와틀스
옮긴이 데이비드 윤
펴낸이 윤승로
펴낸곳 그린랜드북
주소   경남 진주시 망경남길44번길 22, 진주지식산업센터 602호
전화   070-8285-3925
등록번호 제2024-000003호
무료음원 https://www.youtube.com/@richwithbook
ISBN   979-11-988301-3-5 (988301)
정가   15,500원

The Science of Being Great　　*The Science of Being Great*　　*The Science of Being Great*

100년간 이어온 위대함의 원리
당신의 잠재력, 그리고 위대한 삶

당신의 위대함

The Science of Being Great　　*The Science of Being Great*　　*The Science of Being Great*

월리스 D.와틀스

GreenLandBook

서문

"생각하고, 또 생각하고, 깊이 생각하라."

이 책은 《부는 어디서 오는가》에 이은 저의 또 하나의 책으로, 자기 자신을 가장 위대한 모습으로 성장시키고자 하는 모든 사람을 위해 쓰였습니다. 젊은이든 어른이든, 남녀노소를 불문하고, 인생에서 최고의 성취를 이루고 싶은 모든 이들을 위한 책입니다.

저는 독자가 자신의 힘과 역량을 키울 방법을 명확하고 간결하며 불필요한 군더더기 없이 보여주고자 노력했습니다. 이 책에서 제시하는 체계는 확실히 효과가 있습니다. 실패할 수 없는 원리입니다.

이 방법을 진지한 마음으로 실천하는 사람들은 자신의 잠재력을 깨우고, 삶의 주도권을 완전히 장악하게 될 것입니다.

그들은 누구보다도 당당하고 강력한 삶을 살며, 자신만의 길을 만들어가는 진정한 리더가 될 것입니다.

이 책을 읽는 당신이 바로 그런 사람이 되기를 바랍니다. 책을 읽는 것만으로 위대한 인격을 만들 수는 없습니다. 오직 생각만이 당신을 위대하게 만들 수 있습니다. 그러니

생각하고, 또 생각하고, 깊이 생각하시길 바랍니다.

월리스 와틀스

서문 "생각하고, 또 생각하고, 깊이 생각하라." 07

Part 01

위대함이란 무엇인가

1장. 누구나 위대해질 수 있다	15
2장. 유전과 환경을 넘어, 내 안의 잠재력 찾기	25
3장. 위대함을 여는 열쇠, 지혜의 힘	31

Part 02

생각이 바뀌면 현실이 바뀐다

4장. 조화로운 사고가 만드는 위대한 변화	41
5장. 생각을 설계하면 삶이 변한다	48
6장. 새로운 관점, 더 넓은 세상	53
7장. 나와 세상을 새롭게 보는 법	61

Part 03

생각을 행동으로 바꿀 때, 삶이 변한다

8장. 내면의 목소리를 듣는 법	69
9장. 존재의 진정한 의미를 발견하다	76
10장. 생각의 힘으로 현실을 창조하다	81
11장. 생각을 행동으로, 꿈을 현실로	88
12장. 성공하는 습관, 조급함에서 벗어나기	96

Part 04

가정에서 사회로, 위대함을 확산하다

13장. 위대한 삶을 만드는 생각의 법칙	107
14장. 가정에서 시작되는 진정한 변화	116
15장. 선한 영향력을 세상에 퍼뜨리다	124

Part 05

위대함의 철학을 실천하는 법

16장. 성공과 성장을 위한 마지막 가이드	137
17장. 사고의 힘으로 인생을 설계하다	144
18장. 섬기는 리더십, 진정한 위대함의 시작	154
19장. 완전함을 향한 도전과 성장	161
20장. 자기 성장과 신을 향한 길	169
21장. 마음을 훈련하는 법	178
22장. 위대함에 이르는 마지막 열쇠	187

PART 01

위대함이란 무엇인가

"위대함은 모든 사람의 내면에 잠재되어 있습니다."

제1장

누구나 위대해질 수 있다

"위대함은 특정한 사람들에게만 주어진 것이 아니라, 모든 사람 내면에 잠재되어 있습니다."

무한한 잠재력의 발견

모든 사람 안에는 무한한 잠재력을 품은 원리가 존재합니다. 이 원리를 지혜롭고 올바르게 활용하면 누구나 자신의 정신적 능력을 끝없이 확장할 수 있습니다. 인간은 스스로 원하는 방향으로 성장할 가능성을 지니고 있으며, 그 가능성에는 경계가 없다고 느껴질 만큼 무한합니다. 어떤 분야에서 아무리 뛰어난 사람이 있다고 해도, 그보다 더 위대한 사람이 나올 가능성은 늘 열려 있습니다. 이러한 가능성은 인간을 창조한 근원적 본질에 담겨 있습니다. 천재성이란 무한한 지혜가 인간에게 스며드는 현상입니다. 이는 단순히 재능을 넘어서는 것으로, 재능이 특정 능력 하나가 두드러지는 상태라면, 천재성은 인간과 창조자가 영혼의 활동을 통해 하나가 되는 경지라 할 수 있습니다. 위대한 사람은 항상 자신 업적을 넘어 더 큰 존재로 발전합니다. 그들은 무한한 가능성과 연결되어 있으며, 이에 따라 그들의 영향력은 끊임없이 확장됩니다. 인간 정신의 힘이 어디까지 미칠 수 있는지 우리는 알 수 없습니다. 더 나아가, 그러한 경계가 존재하는지조차 명확하지 않습니다.

하등 동물들은 이러한 능력을 타고나지 않았으며, 오직 인간만이 이를 누릴 수 있습니다. 인간은 스스로 그 힘을 깨닫고 확장할 수 있는 존재입니다. 하등 동물은 인간의 도움으로 일정한 수준까지 훈련받고 성장할 수 있지만, 인간은 자신 의지와 선택으로 자신을 변화시키고 발전시킬 수 있습니다. 이 힘은 인간만이 가진 특별한 능력이며, 그 가능성은 무한합니다.

성장을 위한 첫걸음

 나무와 식물이 성장하기 위해 존재하듯, 인간 역시 성장을 위해 삶을 살아갑니다. 하지만 나무와 식물은 정해진 자연의 법칙에 따라 자동으로 자라나지만, 인간은 자기 뜻에 따라 원하는 방향으로 성장할 수 있습니다. 나무와 식물은 자신들 고유 특성과 가능성을 제한된 범위 안에서 확장할 수 있지만, 인간은 어디에서든 다른 누군가가 보여주었거나, 현재 보여주고 있는 어떤 능력이든 발전시킬 수 있습니다. 인간 상상력은 실현 가능성의 한계를 규정하지 않습니다. 인간은 생각할 수 있는 것을 행동으로 옮길 수 있으며, 상상할 수 있는 모든 것을 현실로 만들어낼 수 있는 존재입니다. 끊임없이 발전하는 것은 인간 행복의 핵심 요소입니다.

삶에 성장이 없다면 그 삶은 무의미해지고, 결국 참기 힘든 고통으로 이어질 것입니다. 성장이 멈춘 사람은 지적으로 쇠퇴하거나 정신적 혼란을 겪게 마련입니다. 반대로 성장이 크고 조화로우며 균형 잡힐수록 인간은 더 큰 행복을 누릴 수 있습니다.

자신만의 길을 찾는 방법

모든 사람 안에는 동일한 가능성이 깃들어 있습니다. 하지만 사람마다 성장의 방향과 방식은 각기 다릅니다. 모든 사람은 자신만의 고유한 방향으로 성장하도록 태어납니다. 그리고 그 방향으로 나아갈 때, 다른 어떤 길보다 더 자연스럽고 쉽게 성장할 수 있습니다. 이러한 다양성은 세상을 더욱 풍요롭고 다채롭게 만드는 지혜로운 설계입니다. 각 개인이 자신만의 방식으로 성장해 나갈 때, 세상은 무한한 가능성과 아름다움으로 채워질 수 있습니다. 이를 비유하자면, 정원사가 여러 종류 씨앗을 한 바구니에 담아둔 상황과 같습니다. 겉보기에는 모든 씨앗이 비슷해 보

일 수 있지만, 시간이 지나 성장하면 각 씨앗이 얼마나 다르고 특별한지 드러납니다. 사람도 마찬가지입니다. 어떤 사람은 장미처럼 어두운 세상에 빛과 색을 더합니다. 또 어떤 사람은 백합처럼 순수함과 사랑의 메시지를 전합니다. 덩굴 같은 사람은 거친 바위를 부드럽게 감싸 세상에 안정감을 선사합니다. 떡갈나무처럼 큰 존재감을 지니며 새들에게는 보금자리를, 양 떼에게는 쉼터를 제공하는 사람도 있습니다.

자신을 믿고 나아가라

 중요한 것은, 모든 사람이 각자 고유한 가치를 지닌 특별한 존재라는 점입니다. 모두가 자기 방식대로 완전하며, 그 자체로 소중합니다. 우리 주변 평범해 보이는 삶 속에도 상상조차 못 할 가능성이 숨어 있습니다. 사실, 진정으로 '평범한 사람'이란 존재하지 않습니다. 국가적 위기나 커다란 어려움이 닥쳤을 때, 가게에서 한가롭게 시간을 보내던 사람이나 마을의 주정뱅이조차도 그들 내면에 깃든 잠재력 원리가 작동하면 영웅이 되고 지도자가 될 수 있습니다. 모든 사람의 내면에는 천재성이 존재하며, 이는 단지 밖으로 끌어내지기를 기다리고 있을 뿐입니다. 어느 마을에서든 위대한 사람은 있습니다. 어려운 일이 생기면 사람들은 그를 찾아가 조언을 구하고, 그의 지혜와 통찰력을 본능적으로 위대하다고 인정합니다. 지역 사회에 위기가 닥치면, 사람들은 자연스럽게 그의 의견을 따르게 되며, 그는 묵묵히 위대한 존재로서 자리 잡습니다. 그는 작은 일도 위대한 방식으로 해냅니다. 그리고 만약 큰일에 도전한다면, 역시 위대한 일을 해낼 것입니다. 이와 마찬가지로, 당신도 그 잠재력을 지니고 있습니다. 잠재력 원리는 우리가 요구한 만큼의 힘을 제공합니다. 작은 일에만 도전한다면, 그 힘은 작은 일에 필요한 정도로만 나타납니다. 하지만 큰일을 위대한 방식으로 이루려 한다면, 잠재력 원리는 세상에 존재하는 모든 힘을 당신에게 제공할 것입니다.

위대한 일을 하면서도 소극적인 태도로 임하는 것은 반드시 피해야 할 태도입니다. 이에 관해서는 후에 더 깊이 다룰 예정입니다.

사람에게는 세상을 바라보는 두 가지 태도가 있습니다. 첫 번째 태도는 사람을 축구공처럼 만드는 것입니다. 축구공은 외부에서 힘이 가해질 때만 반응하며 움직입니다. 그 자체로는 아무런 주체적인 힘도, 시작도 없습니다. 이런 태도를 가진 사람은 환경과 상황에 끌려다니며, 자신의 운명조차 외부 요인에 의해 결정됩니다. 내면에 잠재된 잠재력 원리는 깨어나지 못하고, 그들은 자신의 의지에서 나온 말이나 행동을 하지 않습니다. 두 번째 태도는 사람을 샘물처럼 만드는 것입니다. 샘물은 중심에서 끊임없이 솟아나는 에너지를 지닙니다. 이런 사람은 내면 깊은 곳에서부터 넘쳐나는 생명력을 바탕으로 자신을 움직이며, 그 힘은 자연스럽게 주변으로 퍼져 나갑니다. 그는 환경에 휘둘리지 않고, 오히려 환경에 긍정적인 영향을 미칩니다. 그의 존재는 내면의 잠재력을 바탕으로 살아 숨 쉬며, 그 법칙은 끊임없이 작동합니다. 그는 스스로 살아가며, 자신의 길을 만들어갑니다. 한마디로, 그는 '자기 안에 생명을 지닌' 사람입니다.

잠재력의 힘에 대한 신뢰

모든 사람에게 가장 중요한 것은 스스로 주체적으로 행동할 수 있는 존재가 되는 일입니다. 삶에서 우리가 마주하는 모든 경험은 단지 환경에 휘둘리는 존재가 아니라, 자신의 환경을 다스릴 수 있는 존재로 성장하도록 설계된 과정입니다. 인간이 가장 미숙한 상태에 있을 때, 그는 단순히 우연과 상황에 의존하며, 두려움 속에서 살아갑니다. 그의 행동은 대부분 환경에서 오는 자극에 대한 반응일 뿐이며, 스스로 계획하거나 창조하지 못합니다. 외부의 힘에 따라 움직이는 그의 삶에는 내면에서 비롯된 주도적인 행동이 거의 없습니다.

그러나 아무리 미숙한 상태에 있는 사람이라도 그의 내면에는 모든 두려움을 이겨낼 수 있는 잠재력의 원리가 존재합니다. 그가 이 사실을 깨닫고 자신의 힘으로 움직이기 시작한다면, 그는 자신의 삶을 진정으로 주관하는 존재가 될 것입니다. 그는 더 이상 환경에 의존하지 않고, 신과 같은 삶을 살아갈 수 있을 것입니다.

잠재력 원리가 깨어나는 순간이야말로 진정한 변화의 시작입니다. 그것은 마치 죽음에서 생명으로 옮겨가는 듯한 극적인 전환과 같습니다. 마치 죽은 자들이 '사람의 아들'의 목소리를 듣고 일어나 살아가는 것처럼, 이는 곧 새로운 탄생이자 진정한 생명의 시작입니다. 이 잠재력이 깨어날 때, 인간은 가장 고귀한 존재의 자녀로서 하늘과 땅의 모든 힘을 누리게 됩니다.

제2장

유전과 환경을 넘어, 내 안의 잠재력 찾기

"유전적 한계와 환경은 당신을 규정하지 못합니다. 당신의 내면에는 그것을 초월할 잠재력이 있습니다."

유전과 환경의 한계를 넘어서

당신 부모가 누구였는지, 그들이 어떤 삶을 살았는지는 중요하지 않습니다. 학력이 부족하거나 사회적으로 낮은 위치에서 시작하더라도, 성장할 가능성은 누구에게나 열려 있습니다. 정신 상태는 유전을 통해 결정되지 않습니다. 부모에게서 물려받은 정신적 자산이 부족하다 해도, 그것은 당신의 노력에 따라 얼마든지 확장할 수 있습니다. 태어날 때부터 성장할 수 없는 사람은 없습니다. 모든 사람에게는 발전할 가능성과 잠재력이 주어져 있습니다. 유전은 우리 성격과 성향에 영향을 미칠 수 있지만, 이를 극복하지 못할 이유는 없습니다.

내면의 성향을 변화시키는 힘

우리는 태어날 때부터 무의식 속에 자리 잡은 특정 성질을 가지고 있을 수 있습니다. 우울함, 비겁함, 혹은 쉽게 화를 내는 성향이 그것입니다. 하지만 이런 무의식적인 성향도 당신의 의지와 노력으로 충분히 바꿀 수 있습니다. 진정한 자신이 깨어나고 행동하기 시작하면, 이러한 특성은 더 이상 당신을 얽매지 못합니다. 부모로부터 물려받은 부정적인 정신적 특성은 단지 그들이 가진 생각 틀이 당신의 무의식 속에

새겨진 것에 불과합니다. 그러나 당신은 반대되는 긍정적인 생각과 습관을 형성함으로써 그 흔적을 지울 수 있습니다. 우울함을 밝고 긍정적인 마음으로 바꾸고, 비겁함이나 화를 내는 태도 또한 극복할 수 있습니다. 모든 변화는 당신의 선택과 의지로부터 시작됩니다.

유전은 우리의 두개골 형태에 영향을 미칠 수 있으며, 골상학^{phrenology}의 주장에도 일부 진실이 담겨 있습니다. 사람의 다양한 능력이 뇌 특정 영역에 위치한다는 점은 사실입니다. 특정 뇌 영역이 활성화된 세포 수와 넓이에 따라 그 능력이 발휘되는 정도가 달라질 수 있습니다. 예를 들어, 특정 두개골 형태를 가진 사람이 음악, 기술, 웅변 등에서 재능을 보이는 경우가 종종 있습니다. 그러나 두개골 모양이 인생의 가능성을 제한한다는 생각은 잘못된 신념입니다. 연구에 따르면, 작은 뇌 영역이라도 세포가 세밀하고 활발하게 활동하면 더 큰 영역 못지않은 능력을 발휘할 수 있습니다. 또한, 잠재력 원리를 활용해 특정 재능을 계발하려는 의지와 노력이 뇌 세포를 증식시키고 활성화할 수 있습니다. 이미 발달한 능력을 활용하는 것이 가장 쉽겠지만, 노력한다면 새로운 재능도 개발할 수 있습니다.

마음의 힘과 이상 실현

마음이 품은 이상은 뇌를 변화시키는 원동력이 됩니다. 당신이 무엇을 이루고자 결심하고 그 방향으로 집중하면, 뇌의 특정 영역으로 더 많은 혈액과 에너지가 흐르고, 세포가 활성화되며 성장합니다. 인간 마음은 뇌를 새롭게 만들어가는 힘을 가지고 있습니다. 따라서 당신은 원하는 것을 이루고, 되고자 하는 자신이 될 수 있습니다.

뇌가 사람을 규정하지 않습니다. 오히려 사람이 뇌를 형성합니다.

당신의 위치나 능력은 유전이나 환경에 의해 고정되지 않습니다.

역경을 뛰어넘는 위대한 잠재력

인간 내면에 존재하는 잠재력 원리는 당신이 필요

한 모든 것을 끌어낼 충분한 힘을 가지고 있습니다. 어떤 어려움도 올바른 태도와 굳은 결심 앞에서는 걸림돌이 될 수 없습니다. 인간 성장을 돕는 힘은 주변 환경 속에도 존재합니다. 사람이 자신의 영혼을 깨우고 성장의 길로 나아갈 때, 자연과 사회, 그리고 주변 모든 것은 그의 성장을 돕기 위해 움직입니다. 가난이나 역경 또한 이 길을 막을 수 없습니다.

위대한 이들 삶은 이를 증명합니다. 마르틴 루터 Martin Luther는 어린 시절 노래를 불러 빵을 얻었고, 칼 린네 Carl Linnaeus는 교육을 위해 단 40달러만으로 자신을 다스렸습니다. 채석장에서 공부를 시작한 휴 밀러 Hugh Miller, 광부에서 위대한 엔지니어가 된 조지 스티븐슨 George Stephenson, 학교에 가기 어려울 만큼 연약했던 제임스 와트 James Watt, 그리고 가난한 농가에서 성장한 에이브러햄 링컨 Abraham Lincoln. 그들은 모두 내면의 잠재력을 발견하고, 역경을 극복하여 위대함에 이르렀습니다.

당신의 잠재력은 충분합니다. 이제, 그 힘을 믿고

움직이십시오. 주변 모든 것이 당신의 성장을 돕기 위해 자리를 잡을 것입니다. 당신 안에는 무한한 잠재력 원리가 숨 쉬고 있습니다. 이 원리를 깨닫고 올바르게 활용한다면, 유전적 한계를 뛰어넘고 환경과 상황을 완전히 통제하며, 당신은 위대하고 강력한 인격체로 다시 태어날 수 있습니다.

제3장

위대함을 여는 열쇠, 지혜의 힘

"지혜는 위대한 삶의 열쇠이며, 이를 깨닫는 것이 진정한 시작입니다."

지혜는 위대함의 토대

뇌, 몸, 마음 그리고 재능은 위대함을 실현하기 위한 도구에 지나지 않습니다. 아무리 뛰어난 지성과 재능을 가졌더라도 그것을 위대한 방식으로 사용하지 못한다면, 그는 위대한 사람이 될 수 없습니다. 진정한 위대함의 핵심은 자신 능력을 위대한 방식으로 활용하게 만드는 자질, 바로 지혜에 있습니다. 지혜야말로 위대함의 본질적인 토대입니다.

지혜란, 추구해야 할 최고 목표를 명확히 알고, 그 목표를 이루기 위한 최선의 방법을 깨닫는 능력입니다. 이는 옳은 일을 판단하고 선택하며 실천하는 힘입니다. 옳은 일을 할 지혜, 오직 올바름을 추구하는 선한 마음, 그리고 그 일을 완수할 능력과 강인함을 갖춘 사람은 진정 위대하다고 할 수 있습니다. 이런 사람은 어디에서나 강력한 존재감을 발휘하며, 사람들의 존경과 명예를 한 몸에 받을 것입니다.

지식과 지혜의 차이

지혜는 지식에 기반을 둡니다. 무지 속에서는 지혜도, 옳은 판단도 있을 수 없습니다. 인간 지식은 제한적이며, 그로 인해 지혜 역시 한계를 가질 수밖에 없습니다. 그러나 자신 지성을 더 넓고 깊은 지식과 연결하고, 그로부터 영감을 얻어 자신 한계를 뛰어넘는 지혜를 끌어낼 수 있다면, 완전히 새로운 가능성이 열립니다. 실제로 진정으로 위대한 사람들은 모두 이런 방식을 통해 자신 지혜를 확장해 왔습니다. 인간의 지식이 불완전하더라도, 이를 뛰어넘는 지혜는 자신을 넘어서는 노력에서 나옵니다.

위대한 사람들의 공통된 자질

모든 진리를 알고 모든 상황에서 옳은 일을 할 수 있

는 존재는 신뿐일 것입니다. 하지만 인간은 신으로부터 지혜를 받을 수 있습니다. 이를 보여주는 대표적인 사례가 에이브러햄 링컨$^{Abraham\ Lincoln}$입니다. 그는 정규 교육을 많이 받지 못했지만, 진리를 꿰뚫어 보는 능력을 지녔습니다. 그의 삶은 진정한 지혜가 무엇인지 명확히 보여줍니다. 지혜란, 모든 상황에서 옳은 일을 알고, 이를 실행하려는 의지와 능력을 갖추는 것입니다. 노예제 폐지를 둘러싼 논란과 혼란 속에서, 링컨은 흔들리지 않았습니다. 그는 노예 찬성파의 얕은 논리를 간파했으며, 급진적 폐지론자들의 과격함도 이해했습니다. 그는 무엇이 옳고 무엇을 해야 할지 분명히 알고 있었습니다. 그의 결단력과 실행력은 그를 신뢰받는 지도자로 만들었고, 그의 지도력은 위대함의 본질을 상징합니다. 진리를 꿰뚫고 옳은 일을 할 줄 아는 사람, 그리고 그 일을 해낼 신뢰를 주는 사람은 언제나 세상의 존경과 인정을 받을 것입니다. 세상은 지금도 그런 지도자를 기다리고 있습니다.

진리를 꿰뚫는 통찰력

에이브러햄 링컨Abraham Lincoln은 대통령으로서 수많은 난관에 직면했습니다. 그를 둘러싼 참모들의 의견은 종종 상충하였고, 북부 전체가 그의 정책에 등을 돌리기도 했습니다. 하지만 링컨은 흔들리지 않았습니다. 그는 혼란 속에서도 진실을 꿰뚫어 보았고, 그의 판단은 거의 틀리지 않았습니다. 그의 통찰력은 학문적 교육이나 두개골의 모양, 이성적 사고에서 나온 것이 아니었습니다. 그것은 더 깊은 영적 통찰에서 비롯되었습니다. 이와 같은 본질은 조지 워싱턴George Washington과 나폴레옹Napoleon에서도 발견됩니다. 조지 워싱턴George Washington은 독립전쟁의 절망 속에서도 식민지를 하나로 묶었고, 나폴레옹은 군사적 문제에서 언제나 최선의 선택을 했습니다. 이들 모두의 위대함 뒤에는 자신을 초월하는 더 큰 힘이 자리 잡고 있었습니다.

신의 마음을 읽는 지혜

진실에 대한 그들의 통찰은 단순한 지적 능력을 넘어선, 모든 진리를 담고 있는 절대 지성과의 연결에서 나온 것입니다.

  위대한 사람들은 진실을 보고, 그 진실을 실행에 옮깁니다. 이 과정은 단순히 논리적 사고로는 설명되지 않으며, 마음이 진실과 연결될 때만 가능합니다. 에이브레햄 링컨Abraham Lincoln과 조지 워싱턴George Washington의 삶은 우리에게 지혜가 신의 마음을 읽는 것에서 비롯된다는 진리를 보여줍니다.

PART 02

생각을 바꾸면
현실이 바뀐다

"모든 것은 진화 중이며, 우리는 완벽함을 향해 나아가고 있다."

제4장

조화로운 사고가
만드는 위대한 변화

"조화로운 사고는 자기 내면과 외부 세계를 연결하는 다리입니다."

모든 생각은 실체에서 시작된다

우리는 모든 사물의 근원과 연결된 우주적 지성을 '신'이라 부릅니다. 이 지성은 이 세상 모든 곳에 스며들어 있으며, 만물의 근원이자 유일한 실체입니다.

생각은 단순한 움직임이나 진동으로 설명될 수 없으며, 반드시 실체에서 비롯됩니다. 생각이 존재하려면 이를 수행하는 실체가 있어야 합니다. 따라서, 지성은 뇌의 단순한 움직임이나 기능이 아니라, 뇌라는 실체 그 자체와 연결되어 있습니다. 이 세상을 움직이는 근원적 힘은 단순한 물리적 이동이 아닌, 실체로부터 시작되는 생각의 본질에 뿌리를 두고 있습니다.

영적 실체의 역할

이 진리를 깨닫는 것은 우리 사고를 신과 조화롭게 만들고, 더 높은 차원의 성장을 가능하게 합니다.

생각은 뇌라는 물질 속에 갇혀 있지 않습니다. 생명이 없는 뇌는 단지 물질일 뿐, 지성을 가질 수 없습니다. 생각은 뇌에 생명을 부여하는 근본적인 생명 원리, 즉 영적 실체에서 비롯됩니다. 이 영적 실체가 바로 인간 본질이며, 그로 인해 인간은 생각하고 창조할 수 있는 존재가 됩니다. 뇌는 생각의 도구에 불과하며, 생각을 만들어내는 것은 바로 인간 자신입니다.

생각하는 영적 실체가 존재합니다. 인간의 영적 실

체가 그의 육체를 채우고 육체 안에서 사고하며 깨닫는 것처럼, 근원적 영적 실체, 즉 신은 자연을 가득 채우고 그 안에서 생각하고 이해합니다. 자연은 인간만큼이나 지성을 가지고 있을 뿐 아니라, 더 깊고 광범위한 지식을 품고 있습니다. 자연은 모든 것을 이해하고, 신의 마음은 태초부터 모든 존재와 연결되어 있었습니다. 그 안에는 무한한 지식이 담겨 있습니다.

신의 무한한 경험과 인간의 한계

인간의 경험은 제한된 사건들에 국한되어 있으며, 따라서 인간은 자신의 경험만큼만 알 수 있습니다. 그러나 신의 경험은 우주의 창조 이후 일어난 모든 것을 포함합니다. 행성의 생성과 소멸, 혜성의 궤적, 작은 참새의 날갯짓까지도 신의 경험 속에 담겨 있습니다. 존재하는 모든 것과 존재했던 모든 것은 우리를 감싸고 스며드는 그 지적인 실체 속에서 살아 숨 쉬고 있습니다.

진리를 깨닫는 영적 통찰

인간이 쓴 모든 백과사전은, 인간이 살아가며 움직

이고 존재하는 지적인 실체가 품고 있는 방대한 지식에 비하면 단지 한 조각에 불과합니다. 우리가 영감으로 깨닫는 진리란 이 지적인 실체에 담긴 생각들입니다.

생각이 없다면 우리는 그것을 인지할 수 없습니다. 존재하지 않는 것을 알 수 없으며, 생각은 그것을 받아들일 마음이 있을 때만 존재할 수 있습니다. 그리고 그 마음은 반드시 사고하는 실체여야 합니다.

인간은 생각하는 실체입니다. 인간은 우주적 실체 일부이지만 제한적이며, 그가 비롯된 우주적 지적인 실체는 무한합니다.

예수가 '아버지'라 부른 이 무한한 실체로부터 모든 지혜와 힘, 그리고 에너지가 흘러나옵니다. 예수는 자신의 모든 지혜와 능력이 아버지와의 일체감, 그리고 하나님 생각을 이해하는 데서 비롯되었음을 명확히 말했습니다. "내 아버지와 나는 하나다."라는 그의 말은 바로 그가 가진 지식과 힘의 근원이었습니다. 예수는 사람들에게 영적으로 깨어나야 할 필요성을 강조했습니다. 그는 사고하지 않고 환경에 휘둘리는 사람을 무덤 속 죽은 자에 비유하며, 그들에게 깨어 일어나라고 간청했습니다. "하나님은 영이다." 그는 말했습니다. "영적으로 다시 태어나라. 그래야 그의 왕국을 볼 수 있을 것이다. 내 목소리를 들어라. 내가 누구인지, 무엇을 하는지 보고 나와 함께 살아라. 내가 전하는 말은 영이며 생명이다. 이 말을 받아들인다면 너희 안에서 생명의 샘물이 솟아오를 것이다. 그러면 너희는 진정한 생명을 가지게 될 것이다."

"나는 아버지가 하시는 일을 보고 그대로 행한다." 예수는 이렇게 말하며, 자신이 하나님 생각을 읽는다는 뜻을 전했습니다. "아버지는 아들에게 모든 것을 보여 주신다." "누구든 신의 뜻을 행하려는 의지를 가진 사람은 진리를 알게 될 것이다." "내 가르침은 내 것이 아니라 나를 보내신 분의 것이다." "진리를 알게 될 것이며, 진리가 너희를 자유롭게 할 것이다." "영이 너희를 모든 진리로 인도하실 것이다."

신과 하나가 되는 삶

 우리는 지적인 물질 속에 잠겨 있으며, 그 안에는 모든 지식과 진리가 담겨 있습니다. 신은 이 지식을 우리에게 나누어 주기를 원합니다. 신은 우리에게 좋은 선물을 주는 것을 기뻐하기 때문입니다. 과거와 현재의 선지자, 현자, 그리고 위대한 사람들은 인간에게서 배운 것이 아니라 신으로부터 받은 것으로 위대해졌습니다. 지혜와 힘의 이 무한한 저장고는 누구에게나 열려 있습니다. 필요한 만큼 그것을 끌어올릴 수 있으며, 스스로 원하는 존재로 거듭날 수도 있습니다. 당신이 하고자 하는 일을 이룰 수 있으며, 당신이 원하는 것을 손에 넣을 수 있습니다. 이를 위해서는 신과 하나가 되는 법을 배워야 합니다. 그래야 진리를 깨닫고, 올바른 목표와 그 목표에 도달하려는 방법을 알게 되며, 그 방법을 실행할 수 있는 능력과 힘을 얻을 수 있습니다. 이 장을 마무리하며 이제 모든 것을 내려놓고, 신과 의식적인 일체감을 이루는 데 온 마음을 집중하겠다고 다짐하시길 바랍니다.

"오, 내가 고요한 숲속 집에서 평온할 때, 그리스와 로마의 자부심을 밟고 지나간다. 소나무 아래 누워 저녁별의 성스러운 빛을 바라보며, 나는 인간의 지식과 교만을 비웃는다. 철학자들의 논리와 학자의 자부심은 숲속에서 신을 만나는 인간 앞에 무력하지 않은가!"

제5장

생각을 설계하면 삶이 변한다

"목표를 이루기 위해 마음속 그림을 구체적으로 그리십시오."

마음 준비

"신께 가까이 나아가라. 그러면 신도 너에게 가까이 오실 것이다." 당신이 신과 같은 마음을 가지게 된다면, 그의 생각을 읽고 진리를 이해할 수 있습니다. 그러나 불안, 걱정, 두려움이 마음을 지배한다면, 진리에 대한 영감과 통찰은 결코 얻을 수 없습니다. 불안하고 두려움에 사로잡힌 상태에서는 사물 본질과 올바른 관계를 보지 못하게 되며, 모든 것이 왜곡되어 보입니다. 따라서 이런 정신 상태에서는 신의 생각에 닿을 수 없습니다. 위대한 사람이 되기 위해서는 마음속 두려움과 불안을 극복하고 평온과 명확함을 되찾아야 합니다.

재정과 건강에 대한 불안을 극복하기

만약 당신이 재정 문제로 인해 불안과 걱정에 시달리고 있다면, 《부는 어디서 오는가》 The Science of Getting Rich 를 주의 깊게 읽어보길 권합니다. 이 책은 겉보기에 복잡하고 해결할 수 없어 보이는 문제라도 극복할 수 있는 실질적인 해답을 제시합니다. 부족함을 넘어서 필요한 모든 것을 얻을 수 있는 길은 누구에게나 열려 있습니다. 정신적 성장과 영적 힘을 얻기 위해 사용하는 원천은 물질적 필요를 충족하는 데도 같이 활용될 수 있습니다. 이 진리를 깊이 이해하고, 그것을 당신 사고에 확고히 심으십시오. 불안을 떨쳐내고, 물질적 풍요로 이어지는 확실한 여정을 시작하십시오.

만약 건강에 대한 걱정이나 불안이 있다면, 완벽한 건강을 얻을 수 있다는 믿음을 가지십시오. 완벽한 건강은 당신이 원하는 모든 일을 할 충분한 힘을 제공합니다. 재물과 영적 힘을 아낌없이 나눠주는 절대 지성은 건강 또한 기꺼이 허락할 준비가 되어 있습니다. 하지만 이를 얻기 위해서는 삶의 기본 원칙을 따르고 올바른 방식을 실천해야 합니다. 질병과 두려움을 극복하고 내면의 동기를 점검하며, 식욕에 휘둘리지 않고 절제 있는 태도를 유지해야 합니다. 배고픔을 채우는 본질에 충실하며, 과식을 멀리하고, 육체가 영혼의 지배를 따르도록 하십시오. 이는 진정한 건강과 위대한 삶으로 나아가는 첫걸음입니다.

욕심과 교만을 내려놓는 힘

욕심을 내려놓으십시오. 부와 권력을 추구하는 데 비열한 동기가 섞여 있어서는 안 됩니다. 만약 부를 영혼의 풍요와 삶의 발전을 위해 바란다면, 그것은 정당한 목표입니다. 그러나 단순히 육체의 욕망을 채우기 위한 것이라면 잘못된 방향입니다.

질투와 악의를 버리는 자유

교만과 허영을 버리고, 다른 사람을 지배하거나 그들보다 우위에 서려는 생각을 내려놓으십시오. 이러한 이기적인 욕망은 가장 교묘하고 위험한 유혹 중 하나입니다. 많은 이들은 행사에서 윗자리를 차지하고, 사회적 존경을 받으며, "랍비"나 "선생님"이라 불리기를 은밀히 갈망합니다. 그러나 이런 욕망은 오직 이기적인 사람들의 숨겨진 동기에 불과합니다. 이런 세상의 경쟁과 욕망을 초월하십시오. 진정한 삶을 추구하며 질투를 버리십시오. 당신은 원하는 모든 것을 가질 수 있습니다. 그러니 다른 이가 가진 것을 부러워할 필요는 없습니다. 무엇보다도, 누구에게도 악의나 적의를 품지 마십시오. 악의를 품는 것은 당신을 진리와 지혜의 원천에서 단절시킬 뿐입니다. "형제를 사랑하지 않는 자는 신을 사랑하지 않는다."라는 말처럼, 당신은 모든 편협한 개인적인 야망을 내려놓고, 최고의 선을 추구하며 살아야 합니다. 그리고 가치 없는 이기심에 휘둘리지 마시길 바랍니다.

결단과 행동으로 내적 평화 실현하기

앞에서 언급된 모든 잘못된 유혹을 하나하나 떠올리며, 그것들을 당신 마음속에서 완전히 몰아내겠다는 확고한 결심을 하십시오. 그리고 다시는 그런 유혹들이 당신의 길을 흔들지 못하도록 철저히 다스리십시오. 나아가, 모든 부정적인 생각을 제거하고, 당신의 이상에 어긋나는 행동이나 습관, 그리고 삶의 방식을 과감히 끊어내십시오. 이 결단은 위대함으로 향하는 여정에서 가장 중요한 첫걸음입니다. 내면 깊은 곳에서 우러나오는 강한 의지로 이 결심을 실행해 옮기십시오. 그렇게 한다면, 당신은 위대함으로 나아갈 준비가 된 것입니다. 그리고 다음 장에서는 이 여정을 이어가는 구체적인 방법을 더 자세히 다룰 것입니다.

제6장

새로운 관점, 더 넓은 세상

"모든 것은 진화 중이며, 우리는 완전함을 향해 나아가고 있습니다."

믿음이 만드는 위대함의 원동력

"믿음이 없이는 신을 기쁘게 할 수 없다." 그리고 믿음 없이는 위대함에도 이를 수 없습니다. 진정으로 위대한 모든 사람의 공통된 특징은 흔들리지 않는 확고한 믿음입니다. 우리는 이 믿음을 전쟁의 암

흑 속에서도 굳건했던 에이브레햄 링컨^{Abraham Lincoln}에게서 보았고, 밸리 포지^{Valley Forge}에서 절망을 이겨낸 조지 워싱턴^{George Washington}에게서 보았습니다. 또한, 데이비드 리빙스턴^{David Livingstone} 선교사가 아프리카에서 저주받은 노예무역을 종식하기 위해 한 걸음 한 걸음 나아갔던 모습 속에서도 이 믿음을 발견합니다. 마틴 루터^{Martin Luther}와 프랜시스 윌라드^{Frances Willard}, 그리고 역사를 빛낸 모든 위대한 사람들의 삶 역시 이 믿음으로 가득 차 있었습니다. 이 믿음이야말로 위대함으로 나아가는 원동력입니다.

자신 능력이나 자신에 대한 믿음이 아니라, 더 큰 정의와 잠재력 원리에 대한 믿음이야말로 진정한 위대함으로 나아가는 열쇠입니다. 적절한 때에 우리에게 승리를 가져다줄 위대한 힘을 믿지 못하는 사람은 결코 위대한 삶을 살 수 없습니다. 이 믿음은 세상을 어떻게 바라보느냐에 따라 달라집니다.

세상을 성장하는 과정으로 바라보기

세상을 완성된 결과물이 아니라, 성장하고 진화하

며 끝없이 발전하는 존재로 보아야 합니다. 수백만 년 전, 신은 단순하고 원시적인 생명체로부터 창조 여정을 시작하셨습니다. 그 생명체들은 그 자체로 당시 환경에 적합한 완벽함을 지니고 있었습니다. 이후 점차 더 복잡하고 정교한 형태로 나아가며, 지구는 발전의 각 단계를 거쳤습니다. 에오세^{Eocene} 시대의 세계도 그 시점에서는 완벽했지만, 신의 작업은 여전히 진행 중이었습니다.

현재 사회 완전성과 가능성

오늘날 세계도 마찬가지입니다. 물질적, 사회적, 그리고 산업적으로 아직 완성된 것은 없지만, 신의 손길이 닿은 모든 곳은 각자 단계에서 완벽합니다. 중요한 것은 현재 세계를 불완전함이 아닌 진행 중인 완벽함므로 바라보는 관점입니다.

이것이 바로 당신이 가져야 할 관점입니다. 세상과 그 안에 있는 모든 것은 완전하지만 아직 완성되지 않았습니다.

'모든 것은 지금 옳다.' 이 말은 변치 않는 진리입니다. 세상에서 벌어지는 어떤 일도 본질적으로 잘못되지 않았으며, 누구도 틀리지 않았습니다. 자연을 포함한 모든 존재는 그 자체로 완전하며, 현재 상태에서 더 나아가고 있습니다. 자연은 모든 존재의 행복을 위해 작용하는 위대한 힘입니다. 그것은 멈추지 않고 앞으로 나아가며, 그 안에는 악이 존재하지 않습니다. 자연은 신의 일부이며, 창조 과정은 끊임없이 이어지고 있습니다. 이 과정에서 인간에게 더 큰 풍요와 선물을 제공합니다. 자연은 완전하지만, 아직 완성되지 않은 상태로 더 나은 방향을 향해 나아가고 있습니다.

이 진리는 인간 사회와 정부에도 적용됩니다. 사회적 갈등, 경제적 충돌, 그리고 다양한 불협화음들은 모두 더 나은 사회로 나아가는 진화 과정의 일부입니다. 사회가 완성되는 날, 이런 불협화음은 사라질 것입니다. 그러나 그날을 맞이하기 위해서는 지금 과정이 필요합니다. 모든 것은 더 큰 완성을 향해 나아가고 있습니다. 제이피 모건[JP Morgan]과 같은 인물들도

다가올 사회 질서를 준비하는 데 중요한 역할을 하고 있습니다. 그는 마치 파충류 시대의 생명체들이 다음 시대로 나아가는 발판이 되었던 것 처럼, 현재 자리에서 완벽하게 자신 임무를 수행하고 있습니다. 지금, 이 세상은 그 자체로도 아주 훌륭합니다. 사회, 정부, 산업은 현재 단계에서 완전성을 가지고 있으며, 점진적으로 더 큰 완성을 향해 나아가고 있습니다. 이러한 사실을 이해한다면 두려움이나 걱정, 그리고 불평할 이유가 사라질 것입니다. 현재 세상은 인간이 이룩한 발전 단계에서 가장 이상적인 모습으로 존재하고 있으며, 앞으로도 더욱 발전해 나갈 것입니다.

이 이야기는 많은 이들에게 터무니없는 소리처럼 들릴 수 있습니다. "뭐라고요? 아동 노동이나 비위생적인 공장에서의 착취가 악이 아니라고요? 술집도 악이 아니란 말인가요?" 이런 의문이 떠오를 것입니다.

하지만 아동 노동이나 산업 문제는 원시 시대의 생활 방식이 그 시대의 완전성을 갖췄던 것처럼, 현재 발전 단계에서는 완전한 모습일 수 있습니다. 오늘날 산업은 인간 발전 초기의 야만적 단계에 머물러 있습니다. 정신적으로 더 높은 단계로 진화하기 전에는 산업과 비즈니스 역시 완성된 상태에 이를 수 없습니다. 이는 인류 전체가 더 높은 관점을 추구할 때만 이루어질 변화입니다. 특히, 산업 내 갈등 해결은 지도자나 고용주가 아닌 노동자들 자신에게 달려 있습니다. 노동자들이 정신적 성장과 조화를 열망하게 되면, 산업은 그 단계에서 벗어나 진정한 형제애를 실현하게 될 것입니다. 지금 산업은 현재 발전 단계에서 충분히 완전하며, 앞으로 더 높은 단계로 나아갈 가능성을 품고 있습니다. 결국, 세상은 지금 이 순간에 충분히 훌륭합니다. 중요한 것은 우리가 현재를 이해하고, 더 나은 미래를 위해 노력하는 관점을 가져야 한다는 것입니다.

술집과 비윤리적인 장소도 마찬가지입니다. 대다수의 사람에게 그것이 필요하다면, 그것들은 존재할 필요가 있습니다. 하지만 사람들이 더 높은 관점에서 갈등 없는 세상을 열망하게 되는 날, 그런 세상은 반드시 창조될 것입니다. 현재 사회는 본능적 사고 단계에 머물러 있기 때문에 일정 수준 혼란과 원시적 요소를 포함하고 있습니다. 그러나 사회 모습은 사람들이 만들어낸 것이며, 그들이 본능적 사고에서 벗어나 더 높은 단계로 나아가고자 한다면 사회도 그에 따라 성장하게 될 것입니다. 지금 사회는 에오세Eocene 시대의 세계가 그 시점에서 완벽했던 것처럼, 현 단계에서는 훌륭합니다.

부정적인 관점에서 긍정적인 관점으로의 전환

이 사실은 더 나은 세상을 만들려는 노력을 방해하지 않습니다. 쇠퇴하는 사회를 복구하려 애쓰기보다는, 완성되지 않은 사회를 완성해 나가려는 태도가 필요합니다. 우리가 문명을 진보하는 과정으로 보느냐, 아니면 쇠퇴하고 있는 것으로 보느냐에 따라 믿음과 정신 상태는 극명히 달라집니다. 긍정적인 관점은 우리를 확장하고 성장하게 만들며, 모든 미완성을 완성으로 이끄는 위대한 작업을 가능하게 합니다. 반대로, 부정적인 관점은 우리 마음을 축소하고 소진하게 만듭니다.

완전하지만 미완성인 세상

따라서 '세상은 지금 옳다'라는 관점을 가져야 합니다. 문제는 세상이 아니라 우리 태도에 있을 뿐입니다. 자연, 사건, 사회, 정부, 그리고 산업 모두를 가장 높은 관점에서 바라볼 때, 우리는 모든 것이 완전하지만 미완성이라는 진실을 이해하게 됩니다. 이 모든 것은 신의 작품이며, 지금 이 순간에도 충분히 가치 있습니다.

제7장

나와 세상을 새롭게 보는 법

"당신이 자신을 어떻게 보느냐가 세상을 어떻게 대하는지를 결정합니다."

세상을 성장의 과정으로 바라보기

사회적 문제를 바라보는 관점이 중요하듯, 개인적 관점은 그보다 더 큰 영향을 미칩니다. 동료, 친구, 가족, 그리고 무엇보다 자신을 대하는 태도는 우리 삶을 결정짓는 중요한 열쇠입니다. 세상을 멈춰버린 절망적인 곳으로 보지 말고, 완성을 향해 나아가는 아름다운 과정으로 보아야 합니다.

타인의 성장 가능성 발견

사람들을 타락하거나 악한 존재로 판단하기보다, 완전함을 향해 성장 중인 존재로 이해해야 합니다. 이 세상에 정말로 '악한 사람'은 없습니다. 탈선한 열차가 그 자체로 악한 것이 아니듯, 길을 잃은 사람도 그저 방향을 다시 찾아야 할 뿐입니다. 열차를 움직이는 증기의 힘은 여전히 훌륭하고 완전하며, 단지 잘못된 경로로 사용되었을 뿐입니다. 이처럼, 길을 잃은 사람들을 비난하거나 처벌하는 것은 해결책이 될 수 없습니다. 그들에게 필요한 것은 올바른 길을 찾아주는 것입니다. 우리는 자신과 타인을 바라보는 관점을 재정비함으로써 더 나은 삶으로 나아갈 수 있습니다.

완성되지 않았거나 미성숙한 것들을 악으로 여기는 것은 우리의 편견과 익숙한 사고방식의 결과입니다. 하지만 한 송이 백합을 피우는 뿌리를 떠올려 보십시오. 그 뿌리는 투박하고 보기 흉하게 생겼지만, 그 안에 백합이 있다는 것을 안다면, 우리는 그것을 비난하지 않을 것입니다. 그 뿌리는 지금 자신 역할에 충실하며 완전한 것입니다. 비록 완성되지 않았지만, 백합으로 나아가는 과정에서 최선의 상태에 있는 것입니다. 마찬가지로, 우리는 사람들을 겉모습만으로 판단하지 않는 법을 배워야 합니다. 그들의 외적 표현이 부족해 보일지라도, 그들 역시 자신 단계에서 완전하며, 완성을 향해 나아가는 중입니다. 모든 존재는 현재의 상태에서 충분히 훌륭하며, 이 사실을 깨닫는 것이야말로 우리 사고방식을 바꾸는 첫걸음입니다.

판단과 비난을 넘어서기

이 관점을 받아들이면, 우리는 사람들을 비난하거나 판단하려는 마음에서 벗어나게 됩니다. 이제 그들을 구제 대상이 아닌, 함께 더 나은 세상을 만들어 가는 동료로 바라보게 됩니다. 긍정적인 시각을 갖게 되면, 사람들의 외적 모습이 아닌 그들 가능성과 성장 과정을 보게 됩니다. 우리의 말은 긍정적이고 희망차게 바뀌며, 세상을 더 크고 열린 마음으로 대하게 됩니다. 반대로, 세상을 실패와 타락으로 가득 찬 곳으로 본다면, 우리 사고는 편협해지고 닫히며, 사람들과 그들 일을 제한적인 시각으로 접근하게 될

것입니다. 이 긍정적인 관점을 당신 자신에게도 적용하십시오. 자신을 무한한 가능성을 가진 성장하는 존재로 바라보며 이렇게 다짐하십시오.

긍정적 다짐으로 두려움을 극복하기

'내 안에는 부족함이나 실패가 없는 본질이 있다. 나는 더 나은 방향으로 나아가고 있다. 잘못될 수 있는 것은 오직 나의 태도뿐이며, 내가 내 가능성과 목표를 무시할 때만 태도가 잘못될 수 있다. 나는 믿음을 가지고 두려움을 버릴 것이다.' 이 다짐을 진정으로 이해하고 말할 때, 당신은 모든 두려움에서 벗어나 자신 안의 위대한 가능성을 발견하게 될 것입니다. 당신은 더욱 강력하고 영향력 있는 사람이 되어갈 것입니다.

PART 03

생각에서 행동으로

"당신의 생각이 현실을 만듭니다."

제8장

내면의 목소리를 듣는 법

"당신 내면은 언제나 진리를 말합니다. 그 목소리에 귀를 기울이십시오"

내적 충실의 중요성

세상과 사람들에 대한 올바른 관점을 가지게 되었다면, 다음 단계는 내적 충실입니다. 내적 충실이란 자기 내면 목소리를 따르는 것을 의미합니다. 우리 내면에는 더 높은 단계로 나아가도록 이끄는 힘이 존재합니다. 이 힘은 잠재력 원리이며, 우리는 이 내면 목소리를 의심 없이 따르는 법을 배워야 합니다. 위대한 사람이 되기 위해서는 그 위대함이 외부가 아닌 자신 안에서 비롯되어야 합니다. 그리고 그 원천은 내면에서 가장 순수하고 고귀한 힘에서 나와야 합니다. 단순히 지성이나 이성만으로는 진정한 위대함에 도달할 수 없습니다. 이성은 원리나 도덕성을 알지 못합니다. 그것은 마치 변호사처럼 어떤 입장이든 합리화할 수 있습니다. 도둑의 지성은 범죄를 계획하는 데 사용되고, 성자의 지성은 위대한 자선을 계획하는 데 사용됩니다. 지성은 옳은 일을 실행하는 방법을 보여줄 수는 있지만, 무엇이 옳은 일인지 가르쳐주지는 않습니다. 지성과 이성은 이기적인 사람에게도, 이타적인 사람에게도 똑같이 도움을 줄 수 있습니다. 만약 지성과 이성을 내면의 원리와 상관없이 사용한다면, 능력 있는 사람으로 보일 수는 있겠지만 진정한 위대함을 가진 사람으로 인정받을 수는 없을 것입니다. 현대에는 지성과 이성을 훈련하는 데 너무 많은 시간을 쓰고, 내면의 목소리를 듣고 따르는 훈련에는 소홀합니다. 당신 태도에서 잘못될 수 있는 유일한 점은, 잠재력 원리에 충실하지 않은 경우뿐입니다.

자기 내면으로 돌아가면, 모든 관계에서 진정으로 옳은 방향을 찾을 수 있습니다. 위대해지고 힘을 얻기 위해, 필요한 것은 단 하나, 당신 삶을 내면 깊숙이 자리한 순수한 본질에 맞추는 것입니다. 이 원칙에서 벗어나 타협한다면, 그 대가는 힘을 잃는 것이 될 것입니다. 이 점을 반드시 기억하십시오.

낡은 생각과 습관에서 벗어나기

당신 마음속에는 이미 성장해서 더 이상 필요하지 않게 된 생각들이 있습니다. 하지만 이 생각들은 습관에 의해 여전히 당신 행동을 지배하고 있습니다. 이제는 그런 것들을 과감히 버릴 때입니다. 더 이상 당신을 작고 보잘것없는 행동으로 묶어두는 낡은 사회적 관습이나 습관에 얽매이지 마십시오. 그들이 당신을 제한하고, 초라한 존재로 만드는 것을 알면서도 계속 따르는 것은 이제 멈춰야 합니다. 자신을 더 큰 존재로 바라십시오. 당신 내면 깊은 곳에 자리한 가능성을 믿고, 그 가능성을 제한하는 모든 것을 과감히 내려놓으십시오. 그렇게 할 때, 비로소 당신은 더 자유롭고 강력한 삶을 살아갈 수 있을 것입니다.

자유로워지는 법

모든 것을 초월하십시오. 그렇다고 해서 반드시 사회 관습이나 보편적인 도덕적 기준을 무시하라는 뜻

은 아닙니다. 완전히 무시할 수는 없겠지만, 당신은 대부분 사람이 스스로 묶여 있는 틀에서 벗어나 해방될 수 있습니다. 이제 낡은 제도, 종교적이든 아니든, 더 이상 당신이 믿지 않는 교리에 시간을 낭비하지 마십시오. 자유로워지십시오. 당신은 아마도 몸과 마음에 해로운 습관을 지니고 있을지도 모릅니다. 이제 그것들을 버리십시오. 일이 잘못될 것이라는 불안감이나, 사람들이 당신을 배신하거나 해칠 것이라는 불신에서도 벗어나십시오. 만약 여전히 이기적인 행동을 하고 있다면, 이제 멈추십시오. 이런 모든 것들을 내려놓고, 그 자리를 당신이 상상할 수 있는 가장 올바르고 가치 있는 행동으로 채우십시오.

생각과 행동의 일치

앞으로 나아가고 싶지만, 여전히 제자리라면, 그것은 당신 생각이 행동을 앞서고 있기 때문입니다. 생각한 대로 움직여야 합니다.

당신의 생각을 올바른 기준에 따라 정리하고, 그 기준에 맞는 삶을 살아가십시오.

내면의 충실함 실천하기

 비즈니스, 정치, 지역 사회, 가정 등 모든 영역에서 당신 태도는 가장 이상적이고 바람직한 생각을 바탕으로 표현되어야 합니다. 사람들을 대할 때, 특히 가족을 대할 때는 따뜻함과 품격 있는 태도를 잊지 마십시오. 당신은 더 나은 삶을 만들어가는 존재임을 기억하며 그에 걸맞게 행동해야 합니다.

 완벽한 삶으로 나아가는 길은 복잡하지 않습니다. 위대한 사람이 되려면 감정이나 본능에 휘둘리지 않고 스스로 판단하며 삶을 주도해야 합니다. 마음이 몸을 다스리게 하고, 마음은 영혼의 지배를 따라야 합니다. 하지만 여기서 끝이 아닙니다. 마음과 영혼도 불완전할 수 있습니다. 그래서 영혼조차도 모든 것을 아우르는 절대적 영혼^{Oversoul}의 인도 아래 있어야 합니다. 내적 충실의 본질은 바로 여기에 있습니다. 이렇게 스스로 다짐해 보십시오. '내 몸은 내 마음의 통제를 따른다. 내 마음은 내 영혼의 지배를 받는다. 그리고 내 영혼은 더 높은 존재의 지침에 맡겨

진다.' 이 다짐을 꾸준히 실천한다면, 당신은 위대함과 영향력을 향해 확실히 나아가게 될 것입니다.

제9장

존재의 진정한 의미를 발견하다

"당신은 우주 일부이며, 동시에 전체를 담고 있는 특별한 존재입니다."

내면의 힘

자연과 사회, 그리고 주변 사람들 속에서 성장하고 변화하는 신의 본질을 이해하고, 그 흐름에 조화를 이루는 법을 알았다면, 이제는 당신 안에 있는 힘의 본질을 온전히 깨달아야 합니다. 당신의 내면에는 모든 것을 가능하게 하는 잠재력의 원천이 자리 잡고 있습니다. 이 원천은 단순한 관념이 아니라 실재하는 힘입니다. 이제 당신이 해야 할 일은 자신을 그 가장 높은 수준의 본질과 의식적으로 연결하는 것입니다. 이 연결은 새로운 믿음을 만들어내는 과정이 아닙니다. 당신은 이미 그 원천과 연결되어 있습니다. 이제는 그 연결을 명확히 자각하고, 더 깊이 느끼며, 삶 속에서 실천하는 단계로 나아가야 합니다.

모든 실체와의 연결, 지적인 실체의 이해

모든 것의 근원이 되는 하나의 실체가 존재합니다. 이 실체는 모든 것을 창조할 힘을 지니며, 모든 힘과 지성이 이 실체 안에 내재하여 있습니다. 인간이 이를 이해할 수 있는 이유는 의식과 존재의 본질을 깨닫고 있기 때문입니다. 의식을 가진 인간은 실체이며, 이는 신과 동일한 본질로 이루어진 존재입니다. 인간과 신의 지성은 본질적으로 다르지 않으며, 인간 안에는 신의 모든 재능과 가능성이 잠재되어 있습니다. "너희가 신이라 기록되지 않았느냐?"라는 말처럼, 인간 안의 잠재력은 무한하며, 이는 모든 사람에게 공평하게 내재한 힘입니다. 하지만 인간 의식은 제한적이며, 실수와 오류를 피하기 어렵습니다. 이를 극복하기 위해 인간은 자신의 마음을 무한한 지적 실체와 연결하고, 그 실체와 하나가 되는 과정을 거쳐야 합니다. 우리 주변에는 모든 것을 기억하고 알고 있는 지적 실체가 존재합니다. 이 실체는 태초의 자연부터 지금 순간까지 모든 것을 포함하며, 미래에 일어날 일들까지도 품고 있습니다. 인간은 이 실체와의 연결을 통해 자신 안에 있는 신성한 잠재력을 완전히 깨닫고 실현할 수 있습니다. 이 지적인 물질은 자연과 우주를 움직이는 위대한 목적을 품고 있으며, 과거와 현재, 그리고 미래를 아우르는 모든 지혜를 담고 있습니다. 인간은 이 물질과 같은 본질로 이루어졌으며, 그로부터 비롯되었습니다. 인간이 이 지적인 물질과 완전히 연결될 수 있다면, 그 물질이 아는 모든 것을 인간도 알게 됩니다. 예수는 이를 이렇

게 말했습니다. "나의 아버지는 나보다 위대하시다."
"나는 아버지에게서 왔고, 아버지와 나는 하나다."
"지적인 물질이 너희를 진리로 인도할 것이다."

 당신이 무한한 존재와 자신을 하나로 여기는 과정은 명확한 인식을 통해 이루어져야 합니다. 모든 것이 하나이며, 그 하나가 신이라는 사실을 깨닫고, 모든 지성이 하나의 지적인 물질 안에 존재함을 분명히 인식해야 합니다. 그리고 이렇게 다짐하십시오. '오직 하나만이 존재하며, 그 하나는 모든 곳에 있다. 나는 가장 높은 존재와 하나가 되는 것을 선택한다. 이제 나 자신이 아니라, 더 큰 본질에 나를 맡긴다. 나는 최고 존재와 하나가 되어 신성한 삶을 살아가기로 한다. 나는 무한한 의식과 연결되어 있다. 오직 하나의 마음만이 존재하며, 나는 그 마음이다. 내가 당신에게 말하는 이가 바로 그 존재다.'

내면의 다짐과 힘의 실현

만약 앞서 언급된 과정을 철저히 실천하고 올바른 관점을 가지며 내면의 다짐을 완성했다면, 자신을 무한한 존재와 연결하는 일은 자연스럽게 이루어질 것입니다. 한 번 이 상태에 도달하면, 당신이 찾던 모든 힘은 이미 당신의 것이 됩니다. 왜냐하면 당신은 이미 모든 힘과 하나가 되었기 때문입니다.

제10장

생각의 힘으로 현실을 창조하다

"당신 생각이 현실을 만듭니다. 지금 떠올리는 생각이 내일 삶을 결정합니다"

창조적 생각의 힘

당신은 근원 물질 안에서 생각하는 중심입니다. 그리고 근원 물질 생각은 창조적인 힘을 지니고 있습니다. 이 물질 속에서 형성된 생각과 그 형태는 눈에 보이는, 이른바 물질적 형태로 반드시 실현됩니다. 생각의 형태가 지적인 물질 안에 담겨 있다면, 그것은 이미 현실로 존재하는 것입니다. 아직 우리 눈으로 볼 수 없더라도 말입니다. 이 점을 반드시 이해하십시오. '지적인 물질 안에 담긴 생각은 실재하는 것이다.' 그것은 이미 형태를 가지고 존재하며, 눈에 보이지 않는다고 해서 없는 것이 아닙니다. 당신은 내면적으로 자신을 어떻게 생각하느냐에 따라 그 모습으로 형성됩니다. 그리고 당신 생각에 따라, 주변은 보이지 않는 형태로 그 생각들이 자리 잡게 됩니다.

이상적인 모습을 그리는 과정

당신이 무엇을 원한다면, 그것을 명확히 그리고 그 이미지를 마음속에 확고히 새기십시오. 그 이미지가 뚜렷한 생각의 형태로 자리 잡을 때까지 지속하십시오. 그리고 당신 행동이 우주를 창조한 법칙에 어긋나지 않는다면, 당신이 원하는 것은 반드시 물질적인 형태로 실현될 것입니다. 이것은 우주의 법칙에 따른 필연적인 결과입니다.

질병이나 아픔과 연결된 당신 모습을 상상하지 마십시오. 대신 자신을 건강하고 활기찬 모습으로 마음속에 그리십시오. 자신을 강인하고 완벽히 건강한 존재로 상상하며, 이 생각의 형태를 창조적 지성에 확고히 전달하십시오. 그리고 당신 생활 방식이 신체를 유지하는 자연 법칙을 위배하지 않는다면, 이 생각의 형태는 반드시 현실로 드러날 것입니다. 이 모든 과정은 법칙에 순응하는 가운데 이루어집니다.

행동으로 연결되는 창조적 사고

스스로 원하는 모습의 생각 형태를 만들어 보십시오. 그리고 당신 상상력이 허용하는 한, 가능한 한 완벽에 가까운 이상을 그려보십시오. 예를 들어 설명해 보겠습니다. 어떤 젊은 법학도가 위대한 변호사가 되고자 한다면, 그는 반드시 이전에 언급한 세 가지 핵심 요소를 실천해야 합니다. 먼저, 세상을 바라보는 올바른 관점을 가져야 합니다. 세상과 자신의 위치를 긍정적이고 발전적인 시각에서 바라보는 것이 중요합니다. 세상은 쇠퇴하거나 무너지는 곳이 아니라,

완성을 향해 나아가고 있는 공간임을 깨달아야 합니다. 다음으로, 내면의 목소리를 따르는 다짐이 필요합니다. 자신 안에 있는 잠재력의 목소리에 충실히 따르고, 가장 높은 가치를 목표로 삼아 이를 이루겠다는 결심을 다져야 합니다. 마지막으로, 내면의 위대한 힘과 연결되는 과정을 통해 자신이 더 높은 본질과 이미 연결되어 있다는 사실을 깨달아야 합니다. 자신이 원하는 모습이 이미 자기 내면에 잠재되어 있으며, 그 모습을 실현할 수 있는 능력이 있다는 믿음을 가지는 것이 중요합니다. 이 모든 과정을 통해, 그는 자신이 훌륭한 변호사가 된 모습을 구체적으로 그려야 합니다. 판사와 배심원 앞에서 탁월한 웅변과 힘으로 사건을 변론하며, 진리와 지식, 그리고 지혜를 자유자재로 다루는 자기 모습을 상상하십시오.

그는 어떤 상황에서도, 아직 학생 신분일지라도 생각 속에서는 항상 위대한 변호사로서의 모습을 잊지 않아야 합니다. 이 생각의 형태가 그의 마음속에서 점점 더 뚜렷해지고 습관화될수록, 내면과 외부의 창조적 에너지가 움직이기 시작합니다. 그는 자신 내면에서 이 모습을 점차 실현해 나가기 시작하며, 외부에서도 이 생각의 그림에 필요한 모든 요소가 그를 향해 끌려오는 것을 경험하게 됩니다. 그는 스스로 그 이미지를 만들어 나가며, 지적인 물질은 그와 함께 움직입니다. 이 과정에서 그가 되고자 하는 것을 방해할 수 있는 것은 아무것도 없습니다.

음악을 배우는 학생이라면, 자신이 완벽한 화음을 연주하며 수많은 청중에게 감동을 주는 모습을 떠올려 보십시오. 배우라면 자신의 예술에 대해 상상할 수 있는 가장 높은 이상을 설정하고, 그 이상을 자신의 모습에 녹여내 보십시오. 농부나 기술자도 다르지 않습니다.

당신이 되고자 하는 모습을 명확히 정하고, 그 이상이 진정으로 자신에게 만족을 줄 수 있는지 신중히 고민해야 합니다. 그리고 이 선택은 반드시 스스로 내려야 합니다. 주변 사람들이 주는 조언이나 제안에 지나치게 의존하지 마십시오. 아무도 당신보다 당신에게 적합한 길을 더 잘 알 수는 없습니다. 다른 사람들의 이야기를 경청하되, 최종 결정은 항상 스스로 내리십시오. 다른 사람들이 당신의 길을 대신 정하게 두지 마십시오. 당신이 원하는 모습이 무엇인지 느끼고, 그 모습이 되십시오.

의무감이나 책임감이라는 잘못된 생각에 얽매이지 마십시오. 당신이 원하는 모습으로 성장하는 데 방해가 될 의무나 책임은 존재하지 않습니다. 자신에게 솔직해지십시오. 스스로에게 진실할 때, 당신은 누구와도 진실한 관계를 맺을 수 있습니다. 당신이 되고 싶은 모습이 명확해졌다면, 그 모습을 구체적으로 상상하고 마음속에 분명히 그려 보십시오. 그리고 그것이 바로 당신 본연의 모습이라고 믿으십시오. 이 생각은 단순한 환상이 아니라, 당신 미래를 현실로 만드는 힘이 될 것입니다.

부정적인 영향에서 자유로워지기

다른 사람들의 부정적인 말에 흔들리지 마십시오. 그들이 당신을 바보나 몽상가라고 부른다 해도 개의

치 마십시오. 계속 꿈꾸고 앞으로 나아가십시오. 기억하십시오. 보나파르트^{Bonaparte}가 굶주린 중위였을 때, 그는 이미 마음속에서 군대를 지휘하는 사령관이자 프랑스를 이끄는 지도자가 된 자신을 상상했습니다. 그리고 그는 결국 그 상상했던 모습 그대로 현실에서 이루어냈습니다. 당신도 똑같이 할 수 있습니다. 앞 장에서 제시된 원칙을 다시 검토하고, 다음 장에서 제시되는 지침을 따라 행동하십시오. 그러면 당신도 당신이 꿈꾸는 모습으로 변할 수 있습니다.

• 제11장 •

생각을 행동으로, 꿈을 현실로

"행동은 생각을 실현하는 도구입니다. 시작하세요, 지금 바로."

작은 행동부터 시작하는 위대함

 만약 앞 장에서 멈춘다면, 당신은 결코 위대한 사람이 될 수 없습니다. 그저 꿈만 꾸는 몽상가나 공중누각을 짓는 사람에 머무를 뿐입니다. 안타깝게도, 많은 사람들이 여기서 멈춥니다. 이들은 비전을 실현하고, 생각의 형태를 현실로 구현하기 위해 지금 이 순간 행동하는 것의 중요성을 이해하지 못하기 때문입니다. 위대한 삶을 이루기 위해, 필요한 것은 두 가지입니다. 첫째, 생각의 형태를 만드는 것이고, 둘째, 그 형태를 실현하기 위해, 필요한 모든 요소를 자신의 것으로 만드는 것입니다. 우리는 첫 번째 과정을 이미 논의했습니다. 이제 두 번째 과정을 설명하겠습니다. 당신이 생각의 형태를 만들었다면, 내면적으로는 이미 당신이 되고자 하는 모습이 되어 있습니다. 이제 그 모습을 외적으로 드러내야 할 차례입니다. 당신은 내면적으로는 이미 위대해졌지만, 외부에서는 아직 위대한 일을 하지 않고 있을 뿐입니다. 그러나 위대한 일을 바로 시작할 수는 없습니다. 아직 세상은 당신을 배우, 변호사, 음악가, 혹은 당신이 되고자 하는 모습으로 인정하지 않을 것입니다. 왜냐하면, 당신은 아직 자신을 세상에 알리지 않았기 때문입니다. 하지만 중요한 것은, 지금 이 순간, 작은 일부터 위대하게 시작할 수 있다는 것입니다.

여기에 모든 비밀이 담겨 있습니다. 오늘부터 당신은 어디에서든 위대한 사람이 될 수 있습니다. 집에서, 가게나 사무실에서, 거리에서조차도 말입니다. 당신이 하는 모든 일을 최선을 다해 시작하는 것, 그것이 바로 자신을 위대한 존재로 세상에 알리는 첫 걸음입니다.

작고 평범한 행동일지라도 당신의 모든 열정과 에너지를 담으십시오. 이를 통해 가족, 친구, 이웃은 자연스럽게 당신이 어떤 사람인지 알게 될 것입니다. 자신을 자랑하거나 떠벌리지 마십시오. "나는 위대한 사람이다"라고 말로 알리려 하지 마십시오. 대신, 행동으로 보여주십시오. 말로는 당신의 위대함을 믿지 않을지도 모르지만, 행동으로는 누구도 의심할 수 없을 것입니다.

가정에서의 실천

먼저, 가정에서 시작하십시오. 가족에게 정의롭고, 너그럽고, 예의 바르며, 친절한 모습을 보여주십시오. 배우자, 자녀, 형제자매가 당신을 진정으로 훌륭

하고 고결한 사람으로 느끼게 하십시오. 또한, 모든 관계에서 훌륭한 태도를 유지하십시오. 사람들과의 관계에서 정의롭고, 너그러우며, 예의 바르고, 친절하게 행동하십시오. 위대한 사람들은 결코 그 반대로 행동하지 않습니다. 이 모든 것이 바로 당신의 태도를 결정짓고, 당신을 진정한 위대함으로 이끄는 길입니다.

내면의 통찰력을 신뢰하는 법

 가장 중요한 것은 자신의 통찰력을 절대적으로 믿는 것입니다. 절대 서두르거나 조급하게 행동하지 마십시오. 모든 일에 신중하고 침착하게 대처하며, 스스로 옳은 길이라 느낄 때까지 기다리십시오. 당신이 진정으로 옳다고 느끼는 길이 보인다면, 세상이 모두 반대하더라도 자신의 믿음을 따라 행동하십시오. 만약 사소한 일에서조차 내면의 지시를 믿지 못한다면, 더 큰 일에서 지혜와 통찰을 끌어낼 수 없을 것입니다. 어떤 행동이 올바르다고 깊이 느껴진다면 그것을 실행하십시오. 그리고 그 결과가 반드시 좋을 것이라는 확신을 가지십시오. 겉으로 보기에 어떠한 반대 증거가 있더라도, 진실이라고 확신한다면 그 진실을 받아들이고 행동하십시오.

일상에서 위대함을 키우는 방법

큰 일에서 통찰력을 키우는 유일한 방법은, 지금 당신이 가진 작은 일들에 대한 통찰력을 전적으로 신뢰하는 것입니다. 이 점을 꼭 기억하십시오. 당신은 통찰력을 발전시키고 있으며, 그것은 더 큰 지혜와 연결되는 과정입니다. 전지전능한 존재의 시선에서는 위대한 일과 작은 일의 구분이 없습니다. 그는 태양을 제자리에 유지하면서도 작은 참새의 날갯짓을

놓치지 않으며, 당신 머리카락조차 헤아리십니다. 신은 일상의 사소한 문제에도 관심을 가지시며, 국가와 세상 대소사를 다루는 것만큼 그것들을 중요하게 여기십니다. 따라서, 가족과 이웃 문제에 대해, 그리고 더 큰 정치적 문제에 대해서도 당신은 통찰력을 발휘할 수 있습니다.

그 첫걸음은, 작은 문제들에서 매일 드러나는 통찰을 완전히 신뢰하는 것입니다. 겉으로는 모든 이치와 세상 판단에 반하는 길처럼 보이더라도, 내면에서 깊이 끌리는 선택이 있다면 그 길을 따르십시오. 다른 사람들 의견과 조언을 듣는 것도 중요하지만, 결국 당신 내면에서 진정으로 옳다고 느끼는 방향으로 나아가야 합니다. 언제나 자신 통찰력을 전적으로 믿으십시오. 그러나 반드시 내면의 지혜를 경청하며, 두려움이나 불안 속에서 급하게 행동하지는 마십시오. 삶의 모든 상황에서 당신 내면의 통찰을 신뢰하십시오. 예를 들어, 어떤 사람이 특정 날, 특정 장소에 있을 것이라는 강한 확신이 든다면, 그것이 아무리 가능성이 작아 보이더라도 그를 만나기 위해 그곳으로 가십시오. 그는 반드시 그곳에 있을 것입니다. 또한, 누군가가 특정한 계획을 세우고 있거나 무언가를 하고 있다고 느껴진다면, 그 믿음에 따라 행동하십시오. 어떤 사건이나 상황이 진실이라고 직감한다면, 그것이 과거이든 현재이든 미래이든, 당신의 감각을 믿으십시오.

신뢰와 영향력을 키우는 과정

초반에는 내면의 소리를 완전히 이해하지 못해 가끔 실수할 수도 있습니다. 하지만 경험을 통해 점차 정확한 길로 인도받게 될 것입니다. 당신 가족과 친구들은 점차 당신 판단을 신뢰하고, 조언을 구하기 시작할 것입니다. 이웃과 동료들 역시 당신을 찾아와 도움을 요청하게 될 것입니다. 마침내, 당신은 작은 일에서도 뛰어난 판단을 하는 사람으로 인정받으며, 더 큰 일들을 맡게 될 것입니다. 모든 상황에서 내면의 빛, 진리에 대한 통찰을 따라 행동하십시오. 자신을 의심하거나 불신하지 마십시오. 당신은 실수를 저

지르는 사람이 아닙니다. 다음과 같은 다짐을 반복하십시오. '내 판단은 올바르다. 나는 사람들의 인정이 아니라, 내면에서 오는 진정한 목소리를 따르기 때문이다.'

제12장

성공하는 습관, 조급함에서 벗어나기

"성공은 조급함이 아니라 꾸준한 노력에서 비롯됩니다."

내면의 통찰로 문제를 바라보기

당신에게는 가정, 사회, 건강, 재정과 관련된 많은 문제가 있을 수 있습니다. 이 문제들은 마치 당장 해결해야 할 것처럼 느껴질지도 모릅니다. 갚아야 할 빚이 있거나, 처리해야 할 의무가 쌓여 있을 수 있습니다. 현재 상황이 불행하거나 불화로 가득 차 있어, 지금 바로 무언가를 해야만 한다고 느낄 수도 있습니다. 그러나 절대 서두르거나 충동적으로 행동하지 마십시오. 조급한 마음은 더 큰 실수를 불러올 뿐입니다. 당신 개인적인 문제들에 대한 해결책은 내면의 통찰과 신의 인도에 의지하며 찾아갈 수 있습니다. 조급할 필요는 없습니다. 세상은 질서와 법칙에 따라 움직이고 있으며, 당신 삶도 그 안에서 자리 잡아가고 있습니다. 오직 신만이 존재하며, 세상은 지금 이 순간에도 잘 돌아가고 있습니다.

이제 마음을 가라앉히고, 차분한 태도로 당신 내면을 신뢰하며 문제를 바라보십시오. 당신은 모든 상황을 해결할 힘을 이미 가지고 있습니다. 당신 안에는 강력한 힘이 존재합니다. 이 힘은 당신의 열망과 연결되어 있으며, 당신이 바라는 것들을 당신 곁으로 이끌고 있습니다. 중요한 것은 이 사실을 마음 깊이 이해하고 믿는 것입니다. 당신 생각과 열망이 당신을 원하는 것들로 당기고 있는 만큼, 그 대상 또한 당신에게 끌려오고 있습니다. 이 상호작용은 끊임없이 이루어지고 있습니다. 꾸준히 유지하는 올바른 생각과 태도는, 당신이 원하는 것들을 당신 주변에 자리 잡도록 만들어줍니다.

조급함을 멈추고 해답을 찾는 힘

조급함은 불안의 표현이며, 두려움에서 비롯됩니다. 그러나 두려움이 없는 사람에게는 언제나 충분한 시간이 있습니다. 자신 판단과 느낌을 신뢰하며 행동한다면, 결코 늦지도, 이르지도 않을 것이며 모든 일이 자연스럽게 흐르게 됩니다. 혹시 일이 잘못되는 것처럼 보이더라도, 당황하지 마십시오. 그것은 단지 겉으로 드러난 상황일 뿐이며, 진실로 잘못될 수 있는 것은 오직 당신 자신 태도뿐입니다. 그리고 그 태도는 불안과 부정적인 마음 상태에서만 문제가 될 수 있습니다. 마음을 차분히 유지하는 것이 가장 중요합니다. 만약 스스로 조급하거나 불안한 상태에 있음을 깨달았다면, 잠시 멈춰 서십시오. 간단한 놀이를 하거나 잠시 휴식을 취하거나, 잠깐 여행을 떠나는 것도 좋습니다. 당신이 돌아왔을 때, 모든 것은 다시 제자리를 찾을 것입니다. 조급함과 두려움은 당신과 우주의 지성을 단절시키는 가장 큰 방해물입니다. 이런 상태에서는 어떤 힘도, 지혜도, 명확한 통찰도 얻을 수 없습니다. 마음을 차분히 유지할 때, 다시 자연스럽게 모든 것이 연결됩니다. 기억하십시오. 두려움은 당신 힘을 약화하는 가장 큰 원인이고, 조급함은 당신 안에 있는 잠재력을 방해할 뿐입니다.

마음을 고요히 하고, 자신을 믿으십시오. 그럴 때, 모든 일이 가장 이상적인 방식으로 풀리게 될 것입니다. 균형과 힘은 불가분의 관계에 있습니다. 차분하고 균형 잡힌 마음은 강하고 위대한 마음이며, 조급하고 불안정한 마음은 약한 마음입니다. 만약 자신이 조급함에 빠졌다고 느낀다면, 이는 올바른 관점을 잃었다는 신호입니다. 세상이 잘못되고 있다고 보기 시작했다면, 이 책의 6장을 다시 읽으며 세상과 그 안의 모든 것이 이미 완벽하다는 사실을 되새기십시오. 세상은 잘못될 수 없으며, 균형을 유지하고 차분히 마음을 가다듬으며 밝고 긍정적인 태도를 유지하는 것이 중요합니다. 신에 대한 믿음을 잃지 마십시오.

지속적인 사고로 자신을 재창조하기

세상은 습관에 의해 지배됩니다. 지금 사회적, 정치적, 경제적 구조는 사람들이 그것을 습관적으로 받아들였기 때문에 유지되고 있습니다. 하지만 사람들이 고정된 사고방식을 바꿀 때, 그 구조 또한 변화하게 됩니다. 마찬가지로, 당신이 자신을 어떻게 생각하느냐가 당신 삶을 결정합니다.

만약 자신을 평범한 사람, 능력이 제한된 사람, 또는 실패한 사람이라고 생각하는 습관이 있다면, 이제 이를 바꿔야 합니다. 당신의 생각 습관이 당신 자신을 만듭니다. 자신을 무한한 가능성을 지닌 존재로 상상하고, 그렇게 생각하는 습관을 형성하십시오. 단순히 하루 몇 번 다짐하는 것으로는 부족합니다. 반복되고 지속적인 생각만이 당신 운명을 바꿀 수 있습니다.

기도나 다짐의 목적은 당신의 생각 습관을 변화시키는 데 있습니다. 반복적인 정신적·육체적 행위는 결국 습관으로 자리 잡습니다. 정신 훈련의 목표는 특정한 생각을 반복하여 그 생각이 당신의 지속적인 사고가 되도록 만드는 것입니다. 우리가 반복하는 생각은 결국 믿음으로 자리 잡습니다. 당신이 해야 할 일은 자신에 대한 새로운 사고방식을 지속적으로 반복하는 것입니다. 이렇게 해서 그 새로운 생각이 당신의 유일한 자기 인식이 되도록 하십시오. 현재 당신 삶을 결정짓는 것은 환경이나 상황이 아니라, 습관적으로 반복된 당신의 생각입니다. 자신을 위대하고 강한 인격체로 바라보는 중심적인 생각을 가지십시오. 만약 현재 자신을 제한적이고 평범하며 약한 존재로 생각하고 있다면, 지금 바로 중심적인 생각을 바꾸십시오. 자신에 대한 새로운 정신적 이미지를 형성하고, 이를 반복적으로 되새기십시오. 단순히 단어를 반복하거나 피상적인 공식을 외우는 것으로는 부족합니다. 당신의 능력과 힘에 대한 믿음을 지속적으로 되뇌며 삶의 기준을 새롭게 설정하십시오. 이제부터 습관의 힘을 활용해 자신을 새롭게 창조하십시오.

PART 04

가정에서 사회로
위대함을 확산하다

"작은 행동 하나도 큰 변화를 일으킬 수 있습니다.

제13장

위대한 삶을 만드는 생각의 법칙

"위대한 삶은 위대한 사고에서 시작됩니다."

위대한 생각의 출발점

위대함은 위대한 생각으로부터 시작됩니다. 외적으로 위대한 사람이 되기 위해서는 먼저 내적으로 위대함을 갖추어야 하며, 이를 위해 반드시 생각하는 과정이 필요합니다. 단순히 많은 교육을 받고, 책을 읽으며, 공부하는 것만으로는 위대함에 도달할 수 없

습니다. 생각하지 않는다면, 그 모든 노력은 아무런 결과를 낳지 못합니다. 반대로, 생각은 적은 노력으로 당신을 위대하게 만들 수 있습니다. 오늘날 많은 이들이 단순히 책을 읽는 것으로 자신을 변화시키려 합니다. 하지만 생각 없이 책을 읽는 것은 그저 무의미한 반복일 뿐입니다. 당신의 정신적 성장은 읽은 내용 그 자체가 아니라, 그것을 어떻게 받아들이고 생각하는가에 달려 있습니다. 생각은 학습과 경험을 통해 자신만의 통찰을 만들어 내는 과정입니다. 진정한 위대함은 그 통찰에서 비롯됩니다.

생각을 두려워하지 말라

생각은 모든 노동 중 가장 어렵고 고된 일입니다. 그래서 많은 사람들이 이를 피하려고 합니다. 그러나 신은 우리를 생각하도록 만들어 주셨기에, 우리는 끊임없이 생각하거나, 아니면 생각을 피하려는 다른 활동에 몰두해야만 합니다. 대부분의 사람이 여가 시간에 즐거움을 쫓는 데 쓰는 이유도 바로 이 때문입니다. 혼자 있을 때, 혹은 읽을 소설이나 볼 쇼 같은 재미있는 것이 없을 때, 우리는 결국 생각해야만 합니다. 이를 피하고자 사람들은 소설, 공연, 그리고 온갖 종류의 오락에 의존합니다. 여가 시간 대부분을 생각에서 도망치는 데 쓰는 사람들이 많습니다. 이러한 이유로 그들은 늘 제자리에서 멈춰 있습니다. 우리는 생각을 시작하기 전까지 결코 앞으로 나아가지 못합니다. 생각은 발전과 성장을 위한 필수적인 과정이며, 이를 통해 우리는 자신의 가능성과 진정한 위대함에 다가갈 수 있습니다.

성장을 위한 깊이 있는 성찰

독서를 줄이고, 깊이 있는 생각을 늘리십시오. 위대한 주제에 대해 읽고, 그 주제를 진지하게 성찰하십시오. 오늘날 우리나라 정치계는 진정한 위대함을 가진 인물을 찾아보기 어렵습니다. 현재 정치인들은 대개 사소한 문제들에만 매달려 있는 것처럼 보입니다. 링컨^{Lincoln}, 웹스터^{Webster}, 클레이^{Clay}, 캘훈^{Calhoun}, 잭슨^{Jackson}과 같은 인물들은 이제 찾아보기 힘듭니다. 그 이유는 오늘날 정치인들이 주로 돈과 이익, 당파의 성공, 물질적 번영과 같은 피상적이고 하찮은 문제들에만 몰두하기 때문입니다. 이들은 윤리적 정의와 같은 본질적이고 위대한 주제에는 관심을 기울이지 않습니다. 이런 사고방식으로는 결코 위대한 인물을 탄생시킬 수 없습니다. 링컨 시대와 그 이전의 정치인들은 인간의 권리, 정의, 그리고 영원한 진리에 대해 깊이 고민했습니다. 당시 사람들은 위대한 주제에 대해 성찰했고, 위대한 생각을 했습니다. 그 결과, 그들은 진정한 위대함을 가진 인물로 성장할 수 있었습니다.

생각은 단순한 지식이나 정보를 넘어 인격을 형성하는 핵심입니다. 생각이 곧 성장입니다. 생각 없이는 성장할 수 없으며, 하나의 생각은 반드시 또 다른 생각을 불러옵니다. 하나의 아이디어를 써 내려가다 보면 더 많은 아이디어가 뒤따라오고, 어느새 한 페이지를 가득 채우게 됩니다. 우리 마음은 깊이도 경계도 없습니다. 처음에는 서툴고 조잡한 생각일지라도, 계속해서 생각을 이어 나가다 보면 자신 안에 숨겨진 가능성과 능력을 발견하게 됩니다. 새로운 뇌세포가 활성화되고, 이전에 없던 능력들이 개발됩니다. 유전, 환경, 그리고 당신을 둘러싼 모든 상황도 지속적이고 끊임없이 생각하는 힘 앞에서는 물러날 수밖에 없습니다. 그러나 만약 스스로 생각하기를 멈추고, 남의 생각에만 의존한다면, 당신은 자신의 가능성을 결코 알지 못한 채 아무것도 할 수 없는 상태에 이르게 될 것입니다. 지금 바로 시작하십시오. 끊임없이 생각하십시오. 그것이야말로 당신의 삶을 바꾸는 첫걸음입니다.

사고가 환경과 미래를 만든다

진정한 위대함은 독창적인 생각 없이는 결코 이루어질 수 없습니다. 인간이 외적으로 행하는 모든 것은 내면의 생각이 표현되고 완성된 결과입니다. 어떠한 행동도 생각 없이 이루어질 수 없으며, 위대한 행동은 반드시 위대한 생각이 선행된 후에 가능합니다. 행동은 생각의 두 번째 형태이며, 인격은 생각이 물질화된 것입니다. 환경 또한 생각의 결과입니다. 당신 주변에 배치되고 배열된 모든 것은 당신 생각에 따라 형성됩니다. 에머슨^{Ralph Waldo Emerson}이 말했듯, 당신은 자신에 대한 중심 생각이나 핵심 개념을 가지고 있으며, 이 생각을 기준으로 삶의 모든 사실이 정리되고 분류됩니다. 이 중심 생각을 바꾸는 순간, 당신 삶에 있는 모든 사실과 상황의 배치와 분류 또한 달라집니다. 당신이 지금 어떤 사람인지, 그리고 어디에 있는지는 당신 생각이 어떠한가에 달려 있습니다. 당신의 현재는 당신 생각이 만들어낸 결과이며, 새로운 생각은 당신 미래를 바꾸는 열쇠가 될 것입니다.

앞서 언급된 중요한 핵심 개념들에 대해 다시 한번 깊이 생각해 보십시오. 단순히 피상적으로 받아들이지 말고, 그것들이 당신의 중심적인 사고 일부가 될 때까지 깊이 숙고하는 것이 중요합니다. 이를 통해 당신은 진리를 더욱 명확히 이해하게 될 것입니다. 이제 세상을 바라보는 관점에 대해 다시 생각해 보십시오. 우리가 살고 있는 이 세상은 완벽한 세계이며, 주변의 사람들 또한 완벽한 존재라는 진리를 모든 면에서 받아들이도록 노력하십시오. 이 완벽한 세계에서 틀릴 수 있는 유일한 것은 당신 자신 태도라는 사실을 깨달으십시오. 이러한 진리가 당신 삶에서 무엇을 의미하는지 완전히 이해할 때까지 계속해서 깊이 생각하십시오. 이 세상은 신의 세계이며, 가능한 최고의 세계입니다. 신은 유기적, 사회적, 그리고 산업적 진화를 통해 세상을 지금 이 순간까지 이끌어왔으며, 이 세상은 더 큰 완성과 조화를 향해 나아가고 있습니다. 또한, 모든 변화와 현상을 창조하는 위대하고 완벽한 지적 원리가 존재한다는 사실을 떠올려 보십시오. 이 생각들이 진리라는 것을 깨닫고, 당신이 이 완벽한 세상의 시민으로서 어떻게 살아야 할지를 이해할 때까지 끊임없이 깊이 숙고하십시오.

내면의 지성을 신뢰하라

이 위대한 지성이 바로 당신 안에 있다는 놀라운 진리를 떠올려 보십시오. 이 지성은 당신 내면에서 작용하며, 당신을 올바른 길로 이끄는 빛과 같은 존재입니다. 그것은 당신이 제일 나은 선택을 하고, 가장 위대한 행동을 하며, 궁극적으로 최고의 행복을 누릴 수 있도록 돕는 잠재력의 원리입니다. 이 원리는 당신에게 모든 능력과 천재성을 부여하며, 당신이 그것을 신뢰하고 따를 때 반드시 최선의 길로 이끌 것입니다. "나는 내 내면의 목소리를 따르겠다"라는 다짐은 단순해 보이지만, 엄청난 힘을 지닌 선언입니다. 이 선언은 당신의 태도와 행동을 근본적으로 변화시킬 수 있는 강렬한 힘을 가지고 있습니다. 이 다짐의 의미를 곰곰이 생각하고, 그 안에 담긴 깊은 의도를 이해하십시오.

또한, 당신이 이 위대한 신과 하나가 되어 있다는 사실을 깊이 숙고하십시오. 신의 지식과 지혜는 당신의 것이 될 수 있으며, 당신이 그것을 원하고 열망하는 순간 그것들은 당신에게로 올 것입니다. 만약 당신이 신처럼 생각한다면, 반드시 신처럼 행동하게 될 것입니다. 이는 위대한 생각이 반드시 위대한 삶으로 나타나며, 강력한 사고는 강력한 인생을 만들어내고, 고귀한 사고는 위대한 인격을 형성한다는 진리를 의미합니다.

제14장

가정에서 시작되는 진정한 변화

"작은 행동이 가정을 변화시키고, 가정은 세상을 변화시킵니다."

지금 이 순간

위대해지겠다는 생각만으로는 충분하지 않습니다. 지금 이 순간, 이미 당신이 위대하다고 믿으십시오. 위대함은 미래의 어떤 시점이나 환경에서 찾아오는 것이 아닙니다. 언젠가 훌륭하게 행동하겠다는 막연한 계획을 내려놓고, 지금 바로 행동하십시오. 더 나은 환경에 도달했을 때 위대하게 행동하겠다는 생각도 버리십시오. 현재 자리에서, 당신이 지금 하고 있는 일부터 위대하게 만들어 가십시오. 거창한 일을 맡게 되었을 때 비로소 위대하게 행동하겠다는 생각은 당신을 멈추게 할 뿐입니다. 작은 일일지라도 지금 바로 의미와 가치를 담아 처리하십시오. 또한, 더 지적이고 당신을 깊이 이해하는 사람들과 함께할 때만 자신의 가치를 발휘할 수 있다는 생각도 내려놓으십시오. 지금 당신 곁에 있는 사람들과 진심으로 관계를 맺고, 그들과 함께 위대함을 만들어 나가십시오.

위대함은 미래가 아니라 지금, 당신이 있는 자리에서 시작됩니다. 현재를 온전히 받아들이고, 지금 이 순간부터 위대하게 행동하십시오. 지금 있는 환경이 당신 능력과 재능을 충분히 발휘하기에 적합하지 않다고 느낀다면, 언젠가 더 나은 환경으로 옮길 수도 있습니다. 하지만 그때까지, 현재 있는 자리에서도 위대함을 발휘할 수 있습니다. 에이브레햄 링컨

Abraham Lincoln은 대통령이 되기 전, 변방 작은 마을에서 변호사로 활동하던 시절에도 이미 위대한 사람이었습니다. 그는 평범한 일을 위대한 방식으로 해냈고, 그것이 그를 대통령으로 이끌었습니다. 만약 그가 워싱턴에 도착한 뒤에야 위대해지겠다고 기다렸다면, 아마도 그는 역사에 이름을 남기지 못했을 것입니다.

외부가 아닌 내면에서 찾는 위대함

위대함은 당신이 있는 장소나 환경에서 오는 것이 아닙니다. 다른 이들에게 의존하거나, 외부에서 무언가를 받는 것으로 인해 위대해지지도 않습니다. 외부에 의존하는 한, 당신은 결코 진정한 위대함을 드러낼 수 없습니다. 진정한 위대함은 당신이 스스로 서 있을 때 발휘됩니다. 물건, 책, 사람 등 외부에 의존하려는 생각을 떨쳐내십시오. 에머슨 Ralph Waldo Emerson 은 이렇게 말했습니다. "셰익스피어 William Shakespeare 는 셰익스피어를 연구한다고 만들어지지 않는다." 셰익스피어는 그저 셰익스피어다운 생각을 함으로써 만들어졌습니다. 마찬가지로, 당신도 스스로 위대하다고 믿고, 위대한 방식으로 생각하고 행동할 때, 그 위대함은 자연스럽게 드러날 것입니다.

주변 사람들이 당신을 어떻게 대하든, 그것이 당신의 위대함에 영향을 미칠 수는 없습니다. 가족이든 친구든, 심지어 낯선 사람이든, 그들이 당신을 무시하거나 고마워하지 않거나, 심지어 불친절하게 대한다 해도, 당신은 여전히 품위 있고 위대한 태도를 유지할 수 있습니다. 예수는 이렇게 말했습니다. "하나님은 감사할 줄 모르는 자나 악한 자에게도 친절하다." 만약 하나님이 사람들이 자신을 인정하지 않는다고 멀어지거나 마음을 닫아버린다면, 과연 그것이 위대한 모습일까요? 당신도 감사하지 않는 자, 심지어 악한 자에게도 하나님처럼 친절하고 너그럽게 대하십시오.

겸손, 그리고 진정한 위대함

자신의 위대함을 이야기하려고 하지 마십시오. 본질적으로, 당신은 다른 사람들보다 더 위대한 존재가 아닙니다. 당신은 단지 그들이 아직 발견하지 못한 삶의 방식과 사고방식을 발견했을 뿐입니다. 하지만 그들 역시 각자의 사고와 행동 수준에서 완전한 존재입니다. 따라서 자신이 위대하므로 특별한 존경이나 대우를 받을 자격이 있다고 생각하지 마십시오. 당신은 위대한 존재이지만, 다른 위대한 존재들 가운데 있는 한 사람일 뿐입니다. 자신을 다른 사람들의 단점이나 실패와 비교하며 우월감을 느끼지 않도록 경계하십시오. 이런 태도는 자만으로 이어지고, 자만은 결국 당신의 성장을 가로막습니다. 자신을 완전한 존재로, 그리고 다른 완전한 존재들 가운데 있는 한 사람으로 여기는 법을 배우십시오. 모든 사람을 동등하게 대하십시오. 우월하거나 열등하다고 느끼지 말고, 모든 사람을 대등한 시선으로 바라십시오. 위대한 사람들은 거드름을 피우지 않습니다. 인정받기 위해 애쓰거나 특별한 대우를 기대하지 마십시오. 당신이 마땅히 받아야 할 영예와 인정은 시간이 되면 자연스럽게 찾아올 것입니다. 중요한 것은 겸손하고 진실한 마음으로 자신의 길을 걸어가는 것입니다.

가정에서 시작하는 실천

위대한 사람은 가정에서 항상 침착하고 자신감 넘치며, 차분하고 온화한 태도를 유지합니다. 친절하고 배려 깊은 행동을 통해 가족 내에서 신뢰받는 존재로 자리 잡습니다. 당신이 가족에게 늘 최선을 다하면, 가족 구성원들은 머지않아 당신을 믿고 의지하게 될 것입니다. 위기의 순간에는 강한 지지대가 되어 주고, 사랑받고 존경받는 사람이 될 것입니다. 그러나 자신을 희생하며 다른 사람들에게 지나치게 헌신하는 실수를 범하지 마십시오. 진정으로 위대한 사람은 자기 자신을 존중합니다. 그는 다른 사람을 돕고 섬기지만, 결코 자신을 희생하거나 굴종적으로 행동하지 않습니다. 가족을 위해 자신을 희생하거나 그들이 감당해야 할 책임을 대신 떠안는 것은 오히려 그들에게 해가 될 수 있습니다. 지나친 돌봄은 그 사람의 자립심을 약화하고, 성장 기회를 빼앗을 수 있습니다. 때로는 이기적이거나 요구가 많은 사람들이 자신 요구가 거절될 때, 더 나아질 수 있음을 기억하십시오. 이상적인 세상은 많은 사람들이 다른 사람의 시중을 받는 곳이 아닙니다. 모든 사람이 자신을 책임지고 자립적으로 살아가는 공간이어야 합니다. 어떤 요구든, 이기적이든 아니든, 친절하고 배려심 있게 대하십시오. 하지만 가족 중 누구라도 당신을 그들의 변덕이나 과도한 의존으로 휘두르게 해서는 안

됩니다. 그러한 태도는 위대함과 거리가 멀고, 결국 상대방에게도 해를 끼치게 됩니다.

가족 구성원이 실패하거나 실수하는 것에 대해 불안해하거나 간섭해야 한다고 생각하지 마십시오. 누군가가 잘못된 길로 가는 것처럼 보이더라도, 그것을 바로잡아야 한다는 부담을 느낄 필요는 없습니다. 모든 사람은 각자 위치에서 완벽한 존재입니다. 당신이 신의 창조물을 더 나은 모습으로 만들

수는 없습니다. 가까운 가족이라 할지라도, 그들의 개인적인 습관이나 행동 방식에 간섭하지 마십시오. 그것은 당신의 일이 아닙니다.

모든 관계에서의 존중과 신뢰

잘못될 수 있는 것은 오직 당신 자신의 태도뿐입니다. 자신의 태도를 올바르게 한다면, 세상은 더 조화롭고 균형 있게 느껴질 것입니다. 가족 구성원이 당신과 다른 방식의 삶을 선택하더라도, 비판하거나 간섭하지 않고 그들을 존중할 때 진정으로 위대한 사람이 됩니다. 당신 자신에게 적합한 길을 선택하십시오. 그리고 가족 구성원 모두가 각자의 길을 걷고 있음을 신뢰하십시오. 아무도, 그리고 아무것도 잘못되지 않았습니다. 모든 것은 지금 상태로도 매우 훌륭합니다. 다른 사람에게 얽매이지 마십시오. 동시에, 자신 기준을 다른 사람에게 강요해 그들을 얽매지 않도록 주의하십시오. 옳다고 믿는 자기 생각을 절대적으로 강요하지 마십시오.

제15장

선한 영향력을 세상에 퍼뜨리다

"작은 행동 하나도 큰 변화를 일으킬 수 있습니다."

침착함과 내면의 지혜

가정에서의 행동 원칙은 어디에서든 같이 적용됩니다. 이 세상이 완벽한 세상이라는 사실을 단 한 순간도 잊지 마십시오. 당신은 위대한 존재 중 하나이며, 다른 모든 이들과 동등합니다.

자기 내면에 있는 지혜를 절대적으로 신뢰하십시오. 이성보다 내면의 깨달음을 따르되, 그것이 진정한 내적 통찰에서 비롯된 것인지 확신해야 합니다. 침착하고 평온한 마음으로 행동하며, 내면에 귀를 기울이십시오. 자신을 절대 지성과 동일시하는 것은 당신에게 필요한 모든 지식과 지혜를 제공합니다. 이 깨달음은 당신의 삶이나 다른 사람들의 삶에서 발생할 수 있는 모든 상황에 대한 완벽한 지침이 됩니다. 필요한 것은 오직 극도로 평온함과 내면에 있는 영원한 지혜를 신뢰하는 것입니다. 평온함과 믿음 속에서 행동한다면, 당신의 판단은 항상 옳을 것이며, 정확히 무엇을 해야 할지 알게 될 것입니다. 조급해하거나 걱정하지 마십시오. 링컨(Abraham Lincoln)이 전쟁의 암울한 시기에 보여준 태도를 떠올려 보십시오. 제임스 프리먼 클라크(James Freeman Clarke)는 프레더릭스버그(Fredericksburg) 전투 이후 링컨의 모습을 다음과 같이 묘사합니다. 당시 온 나라가 침울해 있었지만, 링컨은 홀로 믿음과 희망의 등불을 밝히는 존재였습니다. 전국 각지의 수많은 지도자가 무거운 마음으로 그의 방에 들어갔다가, 밝은 희망으로 충만한 얼굴로 나왔습니다. 그들은 이 길고 투박하며 인내심 강한 남자 안에서 신을 마주했던 것입니다. 비록 그것을 의식하지 못했더라도 말입니다. 이처럼, 당신이 침착함과 믿음을 바탕으로 행동한다면, 항상 올바른 결정을 내릴 수 있습니다. 그뿐만 아니라, 주변 사람들에게 희망과 믿음을 전달하는 존재가 될 것입니다.

자신을 온전히 믿으십시오. 어떤 상황이 닥치더라도 이를 해결할 수 있는 능력이 자신에게 있음을 확신하십시오. 혼자라는 사실에 불안해하지 마십시오. 당신이 필요로 하는 친구와 도움은 적절한 시기에 자연스럽게 당신에게 다가올 것입니다. 자신의 무지에 대해 걱정하지 마십시오. 필요한 정보는 정확히 필요할 때 당신에게 제공될 것입니다. 당신을 앞으로 나아가게 하는 힘은 당신 주변의 모든 것 속에도 존재합니다. 특정한 사람을 만나야 한다면, 그 사람은 적절한 시기에 당신과 연결될 것입니다. 읽어야 할

책이 있다면, 그것 역시 제때 당신 손에 들릴 것입니다. 당신이 필요한 모든 지식과 재능은 상황에 따라 외부와 내부의 경로를 통해 당신에게 전해질 것입니다. 당신은 항상 상황에 맞는 능력과 자원을 갖추게 될 것입니다. 예수가 제자들에게 법정에서 무엇을 말할지 걱정하지 말라고 했던 것을 기억하십시오. 그는 제자들 안에 있는 힘이 필요한 순간에 모든 것을 제공할 것임을 알고 있었습니다. 마찬가지로, 당신이 깨달음을 얻고 자신 능력을 위대한 방식으로 활용하기 시작하면, 당신 뇌는 변화하기 시작할 것입니다. 새로운 뇌세포가 생성되고, 잠재되어 있던 세포들이 활성화되며, 뇌는 당신 정신을 위한 완벽한 도구로 진화할 것입니다.

 모든 것을 믿고 맡기십시오. 당신은 이미 충분하며, 그 무엇도 부족하지 않습니다.

 당신이 위대한 일을 이루려면, 먼저 이를 해낼 준비가 철저히 되어 있어야 합니다. 확고한 믿음과 용기, 분명한 결심 없이 큰일에 도전하면 성공하기 어렵습니다. 서두르지 마십시오. 위대한 일을 한다고 해서 당신이 곧바로 위대한 사람이 되는 것은 아닙니다. 오히려, 스스로 위대한 사람이 될 때 자연스럽게 위대한 일로 이어질 것입니다. 지금 있는 자리에서 위대함을 실천하십시오. 매일 반복하는 일들 속에서 위대함을 보여주는 법을 배우십시오. '위대한 사람'으로 인정받으려는 조급함은 내려놓으십시오. 이 책에서 배운 것을 실천한 지 한 달 만에 사람들이 당신을 중요한 자리에 추천하지 않았다고 실망하지 마십시오. 진정으로 위대한 사람은 외부 인정이나 박수를 필요로 하지 않습니다. 위대함 그 자체가 이미 충분한 보상이기 때문입니다. 위대함은 과정 그 자체에서 기쁨을 찾습니다. 진정으로 위대한 사람은 자신이 성장하고 있다는 사실, 그리고 자신의 발전을 느끼는 과정에서 세상에서 가장 큰 만족과 기쁨을 발견합니다. 위대해지기 위해 노력하는 여정 자체가 당신에게 최고의 보상이 될 것입니다.

일상 속 위대함의 실천

위대한 삶은 가족에서부터 시작됩니다. 이전 장에서 설명한 것처럼, 먼저 가족 안에서 실천해 보십시오. 그런 다음, 같은 태도와 마음가짐으로 이웃, 친구, 그리고 비즈니스에서 만나는 사람들에게 다가가십시오. 곧 사람들은 당신을 신뢰하고 의지하기 시작할 것입니다. 당신의 조언을 구하고, 점점 더 많은 이들이 당신에게서 힘과 영감을 얻으며, 당신 판단을 신뢰하게 될 것입니다. 하지만 지나친 간섭은 피하십시오. 가정에서와 마찬가지로, 다른 사람들 문제에 지나치게 간섭하지 않도록 주의하십시오. 도움을 요청하는 사람들에게는 최선을 다해 돕되, 스스로 나서서 남을 고치려는 태도는 피하십시오. 당신 삶에 충실해지기를 바랍니다. 다른 사람들의 도덕적 기준, 습관, 또는 생활 방식을 교정하려는 시도는 당신 역할이 아닙니다. 위대한 정신과 방식으로 위대한 삶을 사시길 바랍니다. 요청받는다면 아낌없이 나누되, 당신 도움이나 의견을 강요하지 마십시오. 예를 들어, 이웃이 담배를 피우거나 술을 마신다고 해도, 그건 당신이 나설 일이 아닙니다. 그가 스스로 변화하기를 원하거나 당신에게 조언을 구하기 전까지는 그의 선택을 존중하십시오. 설교보다는 실천이 위대함을 만듭니다. 위대한 삶은 말로 하지 않아도 사람들에게 깊은 영향을 미칠 수 있습니다.

세상을 올바르게 바라보는 관점은 사람들에게 자연스럽게 전달됩니다. 당신이 진정으로 그 관점을 믿고, 그에 따라 살아간다면, 주변 사람들은 당신 말과 행동 속에서 이를 느낄 것입니다. 굳이 자신 관점을 설득하려고 애쓰지 마십시오. 믿고 실천하십시오. 당신의 진정성이 깊을수록, 당신 삶 자체가 사람들에게 메시지를 전하게 됩니다. 신과의 일치는 설명이 필요 없습니다. 만약 당신이 신과 일치된 삶을 살아가고 있다면, 그 사실은 당신 말과 행동, 심지어 침묵 속에서도 자연스럽게 드러납니다. 자신이 위대한 사람임을 증명하려고 애쓸 필요가 없습니다. 위대한 삶은

증명이 아니라 실천으로 나타납니다. 무작정 세상을 돌아다니며 자신을 과시하거나, 마치 돈키호테처럼 허황한 목표에 열을 올릴 필요는 없습니다.

진정한 위대함은 당신 일상에서 조용히, 그러나 확고하게 드러납니다. 큰일을 찾으러 다니지 마십시오. 지금 있는 자리에서, 현재 맡은 일 속에서 위대함을 실천하십시오. 작고 평범한 일이라도 위대하게 해내십시오. 그러면 더 큰 일은 자연스럽게 당신을 찾아올 것입니다.

진정한 위대함과 겸손

인간의 가치를 깊이 이해하고 존중하십시오. 거리의 거지나 떠돌이에게도 최고의 예의를 갖춰 대하십시오. 모든 사람은 각자 고유한 가치를 지닌 특별한 존재입니다. 다른 사람을 대할 때는 마치 존엄한 존재가 또 다른 존엄한 존재를 만나는 것처럼 행동하십시오. 가난한 사람에게만 특별한 관심을 쏟지 말고, 백만장자도 거리 떠돌이와 마찬가지로 같이 존중받아야 할 존재임을 기억하십시오. 이 세상은 이미 완전하며, 그 안에 있는 모든 사람과 사물은 각자 자리에서 올바른 상태를 유지하고 있습니다. 이 진리를 마음에 새기고, 당신이 만나는 모든 존재와 사물을 대하십시오.

비전의 구체화와 실현

 스스로에 대한 비전을 구체적으로 형성하십시오. 당신이 되고 싶은 모습을 명확히 그려내고, 그 비전이 실현될 것이라는 확신과 함께 완전히 실현하겠다는 결심으로 그 생각을 유지하십시오. 당신 일상적인 행동 하나하나를 중요한 가치를 담은 것처럼 정성을 다해 실천하십시오. 말 한마디를 하더라도 품위와 가치를 담아 표현하고, 모든 사람을 평등하게 대하십시오. 사회적 지위가 높은 사람이나 낮은 사람 모두를 동일한 존중과 배려로 대하는 것이 중요합니다. 이런 태도를 가지고 삶을 살아가십시오. 지속적으로 이런 자세를 실천하면, 당신의 능력과 영향력은 상상할 수 없을 정도로 빠르게 성장할 것입니다.

PART 05

위대함의 철학을 실천하는 법

"“모든 불완전함은 완벽함으로 가는 과정의 일부입니다.”

제16장

성공과 성장을 위한 마지막 가이드

"완벽함을 향해 나아가는 과정이 곧 성장의 여정입니다."

세상을 바라보는 새로운 관점

다시 한번 '세상을 바라보는 관점'의 문제로 돌아가 보겠습니다. 이는 매우 중요한 주제일 뿐 아니라, 학습자들에게 가장 큰 혼란을 줄 가능성이 높은 부분이기도 합니다. 우리는 종종 잘못된 종교적 가르침을 통해 세상을 마치 폭풍에 휩쓸려 암초에 부딪힌 난파선처럼 여겨 왔습니다. 결국 파멸은 피할 수 없으며, 최대한 할 수 있는 일이라고는 선원 중 몇몇만이라도 구해내는 것뿐이라는 시각을 배운 것입니다. 이러한 관점은 세상을 본질적으로 악하고 점점 더 나빠지는 곳으로 보게 만듭니다. 세상에 존재하는 불협화음과 갈등은 시간이 갈수록 더욱 심화할 것이라는 믿음을 심어줍니다. 이러한 사고방식은 사회, 정부, 그리고 인간에 대한 희망을 빼앗아 가며, 우리 시야를 점점 좁히고 마음을 위축시킵니다.

세상의 본질은 선함이다

이 모든 사고방식은 잘못되었습니다. 세상은 난파선이 아닙니다. 오히려 웅장한 증기선에 가깝습니다. 엔진은 제자리에 있고, 기계는 완벽하게 작동하며, 석탄 창고에는 연료가 가득하고, 항해에 필요한 모든 물자가 충분히 준비되어 있습니다. 승무원의 안전, 편안함, 그리고 행복을 위해 모든 지혜와 배려가 담긴 준비가 이루어졌습니다. 배는 광활한 바다 위를

이리저리 항해하고 있지만, 이는 단지 올바른 항로를 아직 완전히 배우지 못했기 때문입니다. 우리는 점점

더 올바르게 항해하는 법을 배우고 있으며, 마침내 완전한 조화와 평화의 항구로 당당히 나아갈 것입니다.

 세상은 본질적으로 선하며, 점점 더 나아지고 있습니다. 현재 존재하는 불협화음과 조화롭지 못한 부분들은 우리가 아직 서툴게 항해하는 과정에서 발생하

는 파도의 흔들림에 불과합니다. 이러한 문제들은 결국 모두 해결될 것입니다. 이러한 시각은 우리에게 더 넓은 시야와 확장된 사고를 제공합니다. 세상을 본질적으로 긍정적이고 선한 곳으로 바라보는 관점은, 사회와 자신에 대해 더 큰 생각을 하게 하고, 더욱 위대한 방식으로 행동할 수 있도록 만들어줍니다. 이러한 사고방식은 우리 삶에 긍정적이고 지속적인 변화를 불러올 것입니다.

완전함을 향한 여정

더 나아가, 이 세상이나 그 어떤 부분, 그리고 우리의 개인적인 일들에도 잘못될 수 있는 것은 없음을 깨달으십시오. 만약 모든 것이 완전함을 향해 나아가고 있다면, 그것이 잘못된 방향으로 가고 있는 것은 아닙니다. 우리의 개인적인 일들 또한 이 전체 중 일부이므로, 그것들 역시 잘못될 수 없습니다. 당신과 당신이 관련된 모든 것은 완전함을 향해 끊임없이 나아가고 있습니다. 이 흐름을 막을 수 있는 유일한 존재는 바로 당신 자신입니다. 당신이 이 흐름을 막는 유일한 방법은 신의 지성과 상반되는 마음가짐을 가지는 것입니다. 하지만 이를 바로잡는 방법도 단순합니다. 당신은 단지 자신을 바로잡고, 올바른 태도를 유지하기만 하면 됩니다. 만약 당신이 올바른 마음가짐을 유지한다면, 당신에게 잘못될 수 있는 일은 아무것도 없습니다. 두려워할 것도 없습니다. 당신 사업이나 그 어떤 재난도 올바른 태도를 가진 당신을 해칠 수 없습니다. 당신은 성장하고 발전하는 전체 중 일부이며, 그러므로 당신 또한 성장하고 발전하지 않을 수 없습니다. 이 사실을 믿고, 지금 이 순간 올바른 마음가짐을 유지하십시오. 당신 태도가 모든 것을 결정합니다.

세상은 완전하다

더 나아가, 당신이 자신을 어떻게 생각하고 그리는가는 세상을 바라보는 방식에 깊이 영향을 받습니다. 만약 세상을 쇠퇴하고 소멸해 가는 곳으로 본다면, 당신 역시 그 흐름의 일부로 느껴지게 됩니다. 이는 세상의 한계와 약점을 자신 것으로 받아들이는 결과를 낳습니다. 세상에 대한 전망이 암울하다면, 자신에 대한 기대 역시 자연스럽게 부정적으로 될 것입니다. 세상이 점점 쇠퇴하고 끝을 향해 간다고 믿는다면, 스스로가 성장하고 나아가고 있다고 믿기는 어려울 것입니다. 세상을 긍정적으로 바라보지 못한다면, 자신 역시 긍정적으로 생각하기 어렵습니다. 그리고 자신에 대한 믿음 없이 위대한 존재가 되는 것은 불가능합니다.

만약 자신을 무능하거나 비효율적인 사람으로 여긴다면, 초라하고 부족한 환경 속에 있는 자신을 상상하게 될 가능성이 높습니다. 자신에 대해 긍정적으로 생각하지 않는다면, 빈곤하거나 열악한 환경 속에 머물러 있는 이미지를 마음속에 품게 됩니다. 이러한 생각들은 점차 습관으로 자리 잡으며, 눈에 보이지 않는 형태로 당신의 주변 환경에 영향을 미칩니다. 그리고 창조의 에너지가 작용하면서, 이러한 생각들은 점차 현실의 모습으로 나타나 당신을 둘러싼 환경을 형성하게 됩니다.

자연과 연결된 나

 자연을 거대한 생명체로, 그리고 끊임없이 진보하는 존재로 바라보십시오. 인간 사회 또한 자연과 마찬가지로 하나의 거대한 생명체이며, 끊임없이 진화하고 성장하고 있습니다. 자연과 인간 사회는 서로 분리된 존재가 아니라, 모두 하나의 근원에서 나와 서로 연결되어 있습니다. 그리고 그 근원은 본질적으로 선하며, 모든 것에 생명을 불어넣는 원동력입니다.

 당신 자신 또한 이 근원의 일부입니다. 신의 모든 본질과 속성이 당신 안에 존재하며, 당신은 그 힘과 연결되어 있습니다. 신이 가진 창조와 성장의 능력은 인간의 일부로 주어졌습니다. 당신은 이 사실을 깨닫고, 신이 움직이는 방식으로 나아갈 수 있습니다. 당신 안에 자리 잡은 모든 힘의 근원이 바로 당신을 이끄는 원천입니다.

제17장

사고의 힘으로 인생을 설계하다

"명확한 청사진을 가지고 삶을 설계하세요."

위대한 생각의 시작

이번 장에서는 생각에 대해 더 깊이 살펴보겠습니다. 자신이 품는 생각이 자신을 위대하게 이끌지 않는다면, 결코 위대함에 이를 수 없습니다. 그렇기에 생각은 위대함으로 가는 가장 중요한 출발점입니다.

내면 세계에서 위대한 생각을 하지 않으면 외부 세계에서 위대한 일을 이룰 수 없습니다. 그리고 위대한 생각은 언제나 진실과 본질에 대한 사유에서 시작됩니다. 이를 위해선 무엇보다도 절대적으로 진실해야 하며, 진실에 이르기 위해서는 자신의 의도가 올바르다는 것을 스스로 확신할 수 있어야 합니다. 거짓되거나 불성실한 생각은 아무리 그럴듯하게 보일지라도 진정한 위대함을 끌어낼 수 없습니다.

인간관계와 사고의 힘

위대한 생각의 첫걸음은 인간관계의 진실을 탐구하는 데 있습니다. 다른 사람들에게 어떤 존재가 되어야 하는지, 그리고 그들이 당신에게 어떤 존재가 되어야 하는지 깊이 이해하는 것이 가장 중요한 출발점입니다. 이는 다시금 올바른 관점을 형성하기 위한 노력으로 이어질 것입니다. 자연과 사회의 발전 과정을 탐구하십시오. 찰스 다윈[Charles Robert Darwin]이나 월터 토마 밀스[Walter Thomas Mills]의 사회 이론 같은 저서를 읽어보십시오. 하지만 단순히 읽는 데 그치지 말고, 그

속에 담긴 의미를 곰곰이 생각하며 사유하십시오. 사물과 인간을 올바르게 바라보는 방법을 배우고, 자신만의 통찰을 얻으세요. 또한, 신이 이 세상에서 하는 일이 무엇인지, 그리고 그 이유가 무엇인지 깊이 사색하십시오. 신의 행위와 의도를 명확히 볼 수 있을 때까지 생각을 멈추지 마십시오. 진리를 이해하려는 이러한 노력은 당신을 위대함으로 이끄는 가장 중요한 길이 될 것입니다.

다음 단계는 자신을 올바른 개인적 태도로 정립하는 것입니다. 당신 관점은 무엇이 올바른 태도인지 알려줍니다. 내면의 본질에 충실한 삶을 살아갈 때, 그 태도는 자연스럽게 당신을 올바른 방향으로 이끕니다. 그러나 자기 내면에 있는 가장 고귀한 목표에 완전히 몰입하지 않고는 진실한 사고를 할 수 없습니다. 만약 당신 목표가 이기적이거나, 의도와 행동에서 정직하지 못하거나, 비뚤어진 부분이 있다는 것을 스스로 알고 있다면, 당신 사고는 왜곡될 것이며, 그 생각은 결코 힘을 가질 수 없습니다. 당신이 무엇을 하고 있는지, 어떤 의도와 목적을 가졌는지, 그리고 어떤 방식으로 행동하고 있는지 깊이 생각하십시오.

위대함의 근원, 나 자신

누구나 겉으로는 이 명제를 받아들일 수 있지만, 이를 깊이 느끼고 진정으로 이해한다는 것은 완전히 다른 차원의 문제입니다. 대부분 사람은 신을 자신 외부 어딘가에서 찾아야 한다고 생각하기 쉽습니다. 하지만 자신의 내면에서 신을 만나겠다고 생각하기는 어렵습니다. 그러나 진실은 신이 바로 당신 안에 있다는 것입니다. 당신 마음 가장 깊은 곳, 그 성스러운 내면에서 신과 마주할 수 있습니다. 이 사실은 매우 중요한 진리를 담고 있습니다. 당신이 필요로 하는 모든 것은 이미 당신 안에 존재합니다. 당신이 원하는 일을 이루기 위해 외부에서 무언가를 구할 필요가 없으며, 자신이 되고 싶은 모습이 되기 위해 무언가를 추가로 얻어야 할 필요도 없습니다. 당신에게 필요한 것은 오직 자기 내면에 있는 힘을 올바르게 이해하고 사용하는 방법을 고민하는 것입니다. 이를 실현하기 위해서는 단지 시작하는 것만이 필요합니다. 오늘 당신이 깨달을 수 있는 진리를 발견하고, 그 진리에 따라 살아가십시오. 그러면 내일은 더 큰 진리와 마주할 수 있을 것입니다.

생각을 통해 성장하라

과거 잘못된 생각에서 벗어나려면 인간의 가치, 즉 인간 영혼의 위대함과 존엄성에 대해 깊이 고민해야 합니다. 더 이상 인간의 실수에 초점을 맞추지 말고 그들의 성공을 보아야 합니다. 결점 대신 미덕을 바라보십시오. 사람들을 타락하여 파멸로 치닫는 존재로 여기는 관점을 버리고, 하늘로 나아가는 빛나는 영혼으로 바라보아야 합니다. 이런 시각을 갖기 위해서는 의지력을 발휘해야 할 수도 있습니다. 그러나 바로 이런 목적을 위해 의지가 존재하는 것입니다. 무엇을 생각할지, 어떻게 생각할지를 선택하는 것이 의지의 본래 기능입니다. 의지의 역할은 생각의 방향을 설정하는 데 있습니다. 사람들의 긍정적인 면, 아름답고 매력적인 부분에 주목하십시오. 그리고 의지력을 동원해 그 외의 부정적인 부분은 생각하지 않겠다고 결심하십시오. 이는 단순히 사고방식을 바꾸는 것이 아니라, 더 나은 시각과 태도를 선택하는 중요한 과정입니다.

유진 뎁스$^{\text{Eugene V. Debs}}$는 인류애와 깊은 사고의 결실을 보여주는 인물입니다. 그는 대통령 선거에 사회주의자 후보로 두 차례 출마하며, 인류에 대한 경외심과 무한한 애정을 통해 수많은 사람들의 존경을 받았습니다. 도움을 요청한 누구도 그의 거절을 받지 않았으며, 그는 불친절하거나 비난의 말을 한 적이 없습니다. 그의 곁에 서는 순간, 당신은 그가 얼마나 진심으로 당신을 존중하고 있는지 느낄 수 있습니다. 유진 뎁스$^{\text{Eugene V. Debs}}$는 사람들의 배경이나 신분에 구애받지 않았습니다. 백만장자든, 노동자든, 지친 여성이든,

누더기를 입은 길거리 아이든, 모든 사람에게 따뜻한 형제애와 사랑을 전했습니다. 그는 이 사랑으로 인해 거대한 운동의 중심에 서게 되었고, 수백만 사람들의 사랑받는 영웅이자 영원히 기억될 이름이 되었습니다. 사람들을 이토록 깊이 사랑하고, 모든 존재를 진정으로 존중할 수 있는 것은 위대한 일입니다. 그리고 이러한 경지에 이르기 위해, 필요한 것은 바로 깊은 사고입니다. 사고는 단순한 지식을 넘어 당신의 마음을 넓히고, 세상을 바라보는 시각을 높이며, 당신을 진정으로 위대한 사람으로 성장하게 합니다. 오직 깊은 사고만이 진정한 위대함으로 이끄는 길입니다.

"사고하는 사람은 두 부류로 나뉜다. 스스로 사고하는 사람과 다른 이를 통해 사고하는 사람. 후자는 대다수를 이루며, 전자는 매우 드물다. 전자, 즉 스스로 생각하는 사람은 두 가지 의미에서 진정한 창조적 사고자이며, 가장 고귀한 의미에서 자기 확신이 강한 사람이다."

— 쇼펜하우어^{Arthur Schopenhauer} -

"모든 사람의 핵심은 그의 생각이다. 겉으로는 강하고 흔들림 없어 보여도, 결국 그를 움직이는 중심 생각이 있다. 이것은 그의 모든 경험과 사실을 해석하는 기준이 된다. 그는 오직 자신의 신념을 넘어서는 새로운 생각을 만날 때 변화할 수 있다."

— 에머슨^{Ralph Waldo Emerson} -

"모든 진정한 지혜는 이미 수천 번 생각되었다. 그러나 그것을 우리 것으로 만들기 위해서는 그 지혜를 진실하게 다시 생각하고, 우리 자신만의 표현으로 뿌리내리게 해야 한다."

— 괴테^{Johann Wolfgang von Goethe} -

"인간의 외적 모습은 내적 사고의 표현이며 완성이다. 효과적으로 행동하려면 명료하게 생각해야 하고, 고귀하게 행동하려면 고귀하게 생각해야 합니다."

— 채닝^{William Ellery Channing} —

"위대한 사람들은 정신적 힘이 어떤 물질적 힘보다 강하다는 것을 깨닫는 이들이다. 세상을 지배하는 것은 사고이다."

— 에머슨^{Ralph Waldo Emerson} —

"어떤 이들은 평생 공부하지만, 죽음에 이를 때까지 그들은 사고하는 법을 배우지 못한다."

— 도메르그^{Domergue} —

"우리 삶을 만드는 것은 반복적으로 떠올리는 생각이다. 그것은 가까운 인간 관계보다 더 큰 영향을 미친다. 신뢰하는 친구들보다 우리가 품고 있는 생각들이 삶을 더 깊이 만든다."

— 틸^{J.W.Teal} —

"신이 위대한 사상가를 이 세상에 보내면, 모든 것이 흔들릴 수 밖에 없다. 어제까지 진리라 여겨졌던 과학도 하루아침에 뒤집힐 수 있으며,

문학적 명성이나 '영원한 위대함'이라 불리는 이름조차 거부당하고 잊힐 수 있다."

— 에머슨^{Ralph Waldo Emerson} —

그러므로 생각하라! 생각하라!! 생각하라!!!

제18장

섬김의 리더십, 진정한 위대함의 시작

"위대함은 남을 섬기고 나눌 때 완성됩니다."

진정한 위대함의 기준

마태복음 23장에서 예수는 참된 위대함과 거짓된 위대함의 차이를 분명히 구분하며, 진정으로 위대해지고자 하는 사람들이 경계해야 할 큰 위험에 대해 말했습니다. 예수는 이러한 위험을 세상을 향해 나아가는 모든 사람에게 가장 교묘하게 다가오는 유혹으로 묘사하며, 이를 끊임없이 피하고 맞서 싸워야 한다고 강조했습니다. 예수는 군중과 제자들에게 바리새인들의 원칙을 따르지 말라고 경고했습니다. 바리새인들은 정의롭고 올바른 사람으로, 공정한 판사이자 법을 만드는 자로서 사람들과의 거래에서 정직하다는 점은 인정받고 있었습니다. 그러나 그들은 "잔치에서 윗자리를 좋아하고, 시장에서 인사를 받으며, '선생님, 선생님'이라는 호칭을 듣는 것을 좋아한다"라는 점에서 비판받았습니다.

섬김의 리더십

이에 비해 예수는 다음과 같은 원칙을 제시하였습니다. "너희 중에서 위대해지고자 하는 자는 섬기는 자가 되어야 한다."

일반적인 사람들이 생각하는 위대한 인물은 남을 섬기는 사람이 아니라, 자신이 섬김받는 위치에 오른 사람입니다. 그들은 다른 사람들을 지휘하고 자기 뜻대로 따르게 만드는 권력을 행사하는 자를 위대하다고 여깁니다. 대다수 사람에게 타인을 지배하고 통제하는 것은 매우 매력적인 일로 보입니다. 이기적이고 미성숙한 사람일수록 다른 사람들을 지배하려는 욕망을 더 강하게 드러냅니다. 태초부터 인간은 땅에 발을 디디자마자 서로를 노예로 삼기 시작했습니다. 수 세기 동안 전쟁, 외교, 정치, 그리고 정부의 중심에는 타인을 지배하려는 투쟁이 자리 잡고 있었습니다. 왕과 군주들은 더 많은 사람을 다스리고, 자신 권력을 확장하기 위해 지구 곳곳을 피와 눈물로 물들였습니다.

오늘날 비즈니스 세계에서도 이런 지배 원리는 여전히 같이 작동합니다. 19세기 유럽 전쟁터에서 벌어진 싸움과 본질적으로 다르지 않은 방식으로 말입니다. 로버트 잉거솔Robert G. Ingersoll은 록펠러John Davison Rockefeller나 카네기Andrew Carnegie 같은 인물이 이미 자신들이 쓸 수 있는 것 이상의 부를 소유하고 있으면서도 왜 더 많은 돈을 벌기 위해 자신을 비즈니스 경쟁에 묶어두는지 이해할 수 없었습니다. 그는 이를 일

종의 광기로 보며 다음과 같이 비유했습니다.

"어떤 사람이 5만 벌의 바지, 7만 5천 벌의 조끼, 10만 벌의 코트, 그리고 15만 개의 넥타이를 가지고 있다고 상상해 보십시오. 그런 그가 매일 아침 해가 뜨기도 전에 일어나 날이 저문 뒤에야 일을 마치는 삶을 산다면, 그것도 단지 또 하나의 넥타이를 얻기 위해서라면, 당신은 그를 어떻게 생각하겠습니까?" 잉거솔의 이 비유는 끝없는 욕망에 사로잡힌 삶의 허무함과 아이러니를 날카롭게 드러냅니다.

그러나 이 비유는 적절하지 않습니다. 넥타이를 많이 소유한다고 해서 다른 사람들을 지배할 수 있는 권력이 생기는 것은 아니지만, 돈을 소유하면 이야기가 달라집니다. 록펠러나 카네기와 같은 인물들은 단지 돈을 쫓는 것이 아니라, 그 돈이 가져다주는 권력을 추구하는 것입니다. 이것은 바리새인들의 원칙과 마찬가지로 높은 자리를 차지하려는 경쟁의 일환입니다. 이러한 경쟁은 유능한 사람, 영리한 사람, 자원을 활용할 줄 아는 사람을 만들어낼지는 몰라도, 진정한 위대한 사람을 만들어내지는 못합니다.

이 두 가지 위대함의 개념을 당신의 마음속에서 명확히 대조해 보길 바랍니다. "너희 중에서 가장 위대해지고자 하는 자는 섬기는 자가 되어야 한다."라는 예수님의 가르침은, 위대함의 본질을 꿰뚫는 진리입니다. 만약 제가 평범한 미국 청중 앞에서 "미국 역사상 가장 위대한 인물은 누구인가?"라고 묻는다면, 대다수는 에이브레헴 링컨^{Abraham Lincoln}을 떠올릴 것입니다. 왜일까요? 이는 공직에 있으면서 우리를 위해 봉사했던 다른 어떤 인물보다도 링컨이 지녔던 섬김의 정신을 우리가 더 깊이 느낄 수 있기 때문이 아닐까요?

봉사의 진정한 의미

이는 단순한 복종이 아니라, 진정한 봉사였습니다. 링컨은 위대한 봉사자가 되는 법을 알았기에 위대한 사람이었습니다. 반면에 나폴레옹^{Napoleon}은 유능하고 냉철하며 이기적인 인물로, 높은 자리를 탐했던 탁월한 사람이었을 뿐입니다. 링컨은 진정으로 위대했지만, 나폴레옹은 그렇지 않았습니다.

당신이 앞으로 나아가기 시작하고, 위대한 방식으로 무언가를 해내는 사람으로 인정받는 순간, 하나의 위험이 찾아올 것입니다. 바로 다른 사람들의 일에 간섭하거나, 그들에게 조언하거나, 심지어 그들의 삶을 지휘하려는 유혹입니다. 이러한 유혹은 때로 저항하기 어려울 만큼 강렬하게 다가올 수 있습니다. 그러나 반대로, 지나치게 자신을 낮추거나 다른 사람들을 위해 완전히 자신을 희생하는 태도 역시 위험합니다. 많은 사람들은 이것을 이상적인 삶으로 여겨 왔습니다. 완전한 자기희생이 예수님의 삶과 같다고 믿는 사람들이 많습니다. 하지만 저는 이것이 예수님의 성격과 가르침을 완전히 오해한 데서 비롯되었다고 생각합니다. 저는 이 오해에 관해 별도의 책에서 설명한 적이 있으며, 언젠가 당신이 그 책을 읽어볼 기회가 있기를 바랍니다.

자기희생의 한계

수천 명의 사람들이 예수님을 흉내 낸다고 생각하

며, 자신을 작게 만들고, 모든 것을 포기하며 남을 돕는 데 몰두해 왔습니다. 하지만 이러한 이타주의는 사실 가장 이기적인 삶만큼이나 병적이며, 진정한 위대함과는 거리가 멉니다. 고통과 곤경에 대한 우리의 섬세한 본능적 반응이 반드시 우리 존재의 최고는 아닙니다. 이는 가장 좋은 부분이라고도 할 수 없습니다. 위대한 삶을 살기 위해서는 어려운 사람들을 돕는 일 외에도 해야 할 일이 분명히 존재합니다. 물론, 모든 위대한 사람의 삶과 활동 중 상당 부분은 다른 사람들을 돕는 데 바쳐져야 하는 것이 사실입니다. 하지만 다른 사람들이 자연스럽게 당신에게 도움을 요청하게 될 때, 그들을 외면하지 않는다면 그것으로 충분합니다. 그렇다고 해서 완전한 자기부정만이 위대함으로 가는 길이라고 착각해서는 안 됩니다.

제19장

완전함을 향한 도전과 성장

"모든 불완전함은 완벽함으로 가는 과정의 일부입니다."

고통을 넘어 성장으로

가난, 무지, 고통, 그리고 다양한 불행이 주변에 있을 때, 이러한 현실에 반응하여 자신을 모두 내어주는 태도를 버리기는 어려울 수 있습니다. 많은 사람은 빈곤의 손길을 외면하지 못합니다. 또한, 사회적 불평등이나 약자에게 가해지는 부당함을 목격하면, 이를 바로잡아야 한다는 강한 책임감을 느끼기도 합니다. 마치 이 모든 문제가 우리 노력 없이는 해결되지 않을 것처럼 여겨지기도 합니다. 그러나 이러한 상황에서 우리는 다시금 세상을 바라보는 관점을 되돌아볼 필요가 있습니다. 이 세상은 잘못된 곳이 아니라, 더 나은 상태로 발전하고 있는 과정 중에 있는 세상이라는 사실을 기억해야 합니다.

생명 탄생과 인간 출현

 의심할 여지 없이, 이 지구에는 생명이 없던 시절이 존재했을 것입니다. 지구가 한때 불타는 가스와 녹은 암석으로 이루어진 구체였으며, 끓어오르는 증기로 뒤덮여 있었다는 지질학적 증거는 명백합니다. 당시의 환경에서 생명이 존재할 수 있었을지는 알 수 없지만, 불가능에 가까운 일로 보입니다. 지질학적 연구에 따르면, 이후 지구 표면에는 단단한 껍질이 형성되었고, 지구는 점차 식어가면서 굳어졌습니다. 뜨거운 증기는 응축되어 안개로 변하거나 비로 내렸고,

식어가는 표면은 부스러져 흙이 되었으며, 물은 모여 연못과 바다를 이루었습니다. 그리고 결국, 어느 시점에서 물 속이든 땅 위든, 생명이 있는 무언가가 처음으로 나타났습니다.

이 첫 번째 생명체는 단세포 유기체로 시작했을 가능성이 큽니다. 그러나 그 단순한 세포들 뒤에는 강렬한 영^{Spirit}, 즉 위대한 생명의 의지가 자리 잡고 있었습니다. 이 생명력은 단세포로는 충분히 표현될 수 없었기에, 두 개의 세포로, 이어서 여러 세포로 진화하며 더 많은 생명력을 담은 유기체로 발전해 나갔습니다. 다세포 생명체들이 형성되면서 식물, 나무, 척추동물, 그리고 포유류에 이르기까지 다양한 생명체가 출현했습니다. 그중 일부는 오늘날의 관점에서 기이한 형태를 가졌을 수도 있지만, 모두 자기 본연의 모습으로 완벽했습니다. 신이 창조한 모든 것이 그러하듯, 이들 역시 각자 역할을 충실히 수행하며 생명의 흐름 속에서 완전한 존재로 자리 잡았습니다. 거칠고 기묘한 형태의 동식물이 있었을지라도,

그들은 자신이 속한 시대와 환경에서 고유의 목적을 다하며 제자리를 지켰습니다. 그리고 마침내 또 다른 전환점이 찾아왔습니다. 진화 과정의 위대한 순간, '새벽별들이 함께 노래하고, 하나님의 아들들이 환호하며 기뻐했던 날', 진화의 궁극적인 목표였던 인간이 세상에 등장한 것입니다.

유인원과 비슷한 존재가 있었습니다. 외형적으로는 주변의 동물들과 크게 다르지 않았지만, 그 존재는 사고 능력과 성장 가능성 면에서 무한한 잠재력을 지니고 있었습니다. 이 유인원 같은 초기 인간의 내면에는 예술, 아름다움, 건축, 음악, 시, 노래와 같은 수많은 가능성이 잠재되어 있었습니다. 그 시대의 환경 속에서 그는 충분히 완전하고 훌륭한 존재였습니다.

인간 사회 발전과 내적 성장

사도 바울^{St. Paul}은 "하나님은 당신 안에서 그분의 기쁨을 이루고자 하는 뜻과 행동을 일으키신다"라고 말했습니다. 최초의 인간이 등장한 그날부터, 하나님은 인간 안에서 일하기 시작하셨습니다. 인간은 각 세대를 거쳐 더 큰 성취를 이루고, 더 나은 사회적, 정치적, 가정적 환경으로 나아가도록 인도받았습니다. 고대 역사를 돌아보면, 야만성과 우상 숭배, 고통 속에서 인간이 존재했던 끔찍한 상황을 발견할 수 있습니다. 어떤 이들은 이러한 과정을 통해 하나님이 인간에게 잔혹하거나 불공정했다고 느낄 수도 있습니다. 그러나 반드시 기억해야 할 사실은, 유인원 같은 초기 인간에서 더 고차원의 인간으로 나아가는 도약은 필수적인 과정이었다는 점입니다. 이 과정은 인간 두뇌에 잠재된 다양한 능력과 가능성을 단계적으로 펼쳐가는 과정을 통해서만 가능했습니다. 당연히 초기 인간은 먼저 원시적이고 동물적인 본능을 완전히 발달시켰습니다. 오랜 시간 동안 인간은 잔혹했고, 그들의 정부와 종교, 가정 체제 역시 잔혹했습니다. 이러한 잔혹성은 엄청난 고통을 초래한 것처럼 보였지만, 하나님은 결코 고통을 즐기지 않으셨습니다. 시대마다 인간에게 메시지를 주어 이를 피할 수 있는 길을 제시하셨습니다. 생명의 강렬하고 끊임없는 충동은 인간이 계속 앞으로 나아가도록 했으며, 시간이 흐를수록 잔혹성은 줄어들고, 영적인 본질은 점점 더 커졌습니다.

각 시대에는 대중보다 앞서 깨닫고 이해한 이들이 있었습니다. 이들은 더 나은 삶의 방식을 제시하며 시대를 해석하는 역할을 했습니다. 예언자, 현자, 지도자였던 이들은 종종 고난을 감수하며 그 길을 걸었습니다. 모든 진보는 결국 이 선구자들의 깨달음과 삶의 발자취 위에서 이루어진 것입니다.

세계에 존재하는, 이른바 악의 본질을 다시 살펴보면, 우리가 악이라 여기는 것은 단지 미완성된 상태일 뿐임을 알게 됩니다. 미완성된 것은 그 자체의 자리와 단계에서 보면 완전한 선입니다. 인간의 완전한 성장과 발현을 위해 모든 것은 필요하며, 인간 삶의 모든 요소는 창조자의 의도적인 작품입니다. 부정부패가 만연한 도시의 시스템이나 불행한 사람들로 가득한 붉은빛 골목조차도 창조자의 계획 속에서 특정한 목적을 위해 존재합니다. 이 모든 것은 진화 과정에서 필연적인 역할을 합니다. 그리고 그들이 자신 역할을 다하면, 창조자는 과거에 사라진 기괴한 생명체들처럼 이들을 무대에서 치울 것입니다.

창조자의 목적과 인류의 역할

진화의 과정에서 우리는 이렇게 묻게 됩니다. "이 모든 것이 왜 이루어졌는가? 그 목적은 무엇인가?" 깊이 생각해 보면 이 질문에 대한 답은 명확합니다. 창조자는 자신을 표현하고, 형태 안에서 살아가기를 원하셨습니다. 또한, 최고 수준의 도덕적이고 영적인 차원에서 자신을 드러낼 수 있는 존재를 바라셨습니다. 창조자는 신으로서 자신을 드러내고, 신으로서 살아가는 형태를 진화시키기를 원하셨습니다. 이것이 바로 진화적 힘의 궁극적인 목표였습니다.

위대한 미래를 향하여

전쟁, 고통, 불공평, 잔인함의 시대는 시간이 흐르며 점차 사랑과 정의로 다듬어져 왔습니다. 이는 인간의 두뇌를 발달시켜 창조자의 사랑과 정의를 완전하게 표현할 수 있는 단계에 이르게 하려는 과정이었습니다. 그러나 아직 끝은 오지 않았습니다. 창조자의 목적은 단지 몇몇 탁월한 개인을 완성하는 데 있지 않습니다. 이는 단순히 상자 맨 위에 놓인 몇 개의 탐스러운 열매 같은 것이 아닙니다. 창조자의 목표는 인류 전체의 영광스러운 변화입니다. 마침내 창조의 목적이 완성되는 날이 올 것입니다. 슬픔도, 고통도, 눈물도 더 이상 없는 세상, 모든 옛것이 지나가고 밤이 더 이상 존재하지 않는 새로운 세상이 올 것입니다. 이는 유배지에서 계시를 받은 자가 본 비전처럼, 우리가 모두 나아가야 할 미래를 상징합니다.

제20장

자기 성장과 신을 향한 길

"당신의 성장은 신과 세상을 위한 가장 큰 헌신입니다."

'의무'란 무엇인가?

 이전 두 장에서 함께 다룬 이유는 바로 '의무'라는 주제를 명확히 정리하기 위함이었습니다. 이 문제는 진지하게 삶의 방향을 고민하는 많은 사람들에게 혼란을 주며, 그 과정에서 커다란 어려움을 안겨주기도 합니다. 자신을 발전시키고 진정으로 위대한 사람이 되는 과정을 시작할 때, 사람들은 종종 기존의 많은 관계를 새롭게 재정립해야 하는 상황에 직면합니다. 어떤 친구들과는 멀어져야 할 수도 있고, 일부 친척들은 오해하여 자신이 소홀히 대우받고 있다고 느낄지도 모릅니다. 실제로 진정으로 위대한 사람들은 종종 주변 사람들로부터 이기적이라는 비판을 받기도 합니다. 이는 사람들이 당신이 그들에게 더 많은 혜택을 줄 수 있음에도 그렇게 하지 않는다고 느끼기 때문입니다. 여기서 가장 먼저 떠오르는 질문은 다음과 같습니다. "모든 것을 제쳐두고 나 자신을 최대한 발전시키는 것이 나의 의무인가?" 혹은 "주변 사람들에게 갈등이나 손해를 끼치지 않는 방법을 찾을 때까지 기다려야 하는가?"

이 질문은 결국 자신에 대한 의무와 타인에 대한 의무 사이의 갈등을 의미합니다.

신을 섬기는 올바른 방식

세상에 대한 의무는 이미 앞에서 충분히 논의했으

므로, 이제 신에 대한 의무라는 개념을 살펴보고자 합니다. 많은 사람들은 신을 위해 무엇을 해야 하는지 혼란스러워하거나, 때로는 깊은 걱정에 빠지곤 합니다. 미국에서만 해도 교회 활동과 같은 종교적 행위를 통해 신을 섬기기 위해 어마어마한 시간과 에너지가 사용되고 있습니다. 사람들은 흔히 신을 섬기는 것이라 불리는 활동에 큰 노력을 기울입니다. 하지만 여기에서 우리가 반드시 질문해야 할 것은 다음과 같습니다. 신을 섬기는 것이란 무엇이며, 사람이 신을 가장 잘 섬길 방법은 무엇인가? 이 글에서는 신을 섬기는 개념에 대해 간략히 다루고, 인간이 신을 섬기는 가장 올바른 방식을 탐구하고자 합니다. 저는 일반적으로 통용되는 신에 대한 봉사의 개념이 완전히 잘못되었음을 분명히 밝힐 수 있을 것입니다.

모세^{Moses}가 이집트로 내려가 히브리인들을 노예 상태에서 해방하고자 했을 때, 그는 신의 이름으로 파라오^{Pharaoh}에게 이렇게 요구했습니다. "내 백성을 가게 하여 그들이 나를 섬기게 하라." 이후 모세는 히

브리인들을 광야로 이끌어 새로운 형태의 예배를 도입했습니다. 이에 따라 많은 사람들은 예배가 곧 신을 섬기는 것이라고 믿게 되었습니다. 그러나 시간이 흐르며 신은 스스로 의식, 번제, 혹은 제물에 관심이 없음을 분명히 하셨습니다. 예수의 가르침을 올바르게 이해한다면, 우리는 조직화한 성전 예배 자체가 더 이상 필요하지 않다는 결론에 이르게 됩니다. 신은 인간이 손이나 몸, 목소리를 사용해 행하는 그 어떤 행위도 요구하지 않으십니다. 사도 바울은 이를 강조하며 사람이 신을 위해 무엇인가를 할 수 없음을 설파했습니다. 이는 신이 이미 완전하고 자족적인 존재로, 인간의 어떠한 행위도 필요로 하지 않기 때문입니다.

인간의 본질적 욕구와 진화

우리가 바라본 진화의 관점은 신이 인간을 통해 자신을 표현하고자 하는 모습을 드러냅니다. 신의 정신은 인간을 더 높은 차원으로 이끌며, 수많은 시대를 거쳐 끊임없이 그 표현을 추구해 왔습니다. 각 세대는 이전 세대보다 더 고귀하고 더 발전된 모습으로 나아가고 있으며, 이는 인간이 본질적으로 더 나은 삶과 이상을 추구하도록 설계되었음을 보여줍니다. 세대가 거듭될수록 사람들은 더 나은 집, 쾌적한 환경, 적합한 일자리뿐 아니라, 휴식, 여행, 학습의 기회를 요구하고 있습니다. 이는 단순히 물질적 필요를 넘어, 인간 정신과 삶의 질이 지속적으로 발전하고 있음을 뜻합니다. 매 세대가 이전 세대보다 더 나은 이상과 목표를 추구하며, 이는 신의 표현이 인간 삶 속에서 점차 완성되어 가는 과정의 일부입니다.

몇몇 경제학자들은 오늘날의 노동자들이 200년 전의 노동자들보다 훨씬 나은 환경에서 살고 있으니 만족해야 한다고 주장합니다. 그러나 이런 논리는 인간의 본질적 욕구와 진화의 원동력을 간과한 것입니다. 200년 전, 창문도 없는 오두막에서 돼지들과 함께 잠을 자던 노동자는 자신이 알고 있는 삶의 기준 안에서 모든 필요를 충족한다면 만족했을 것입니다. 하지만 부족함을 느꼈다면, 그 역시 불만을 가질 수

밖에 없었겠지요. 오늘날 사람들은 더 나은 집과 과거에는 상상조차 할 수 없었던 많은 것을 가지고 있습니다. 그러나 인간은 자신의 상상 속에서 가능한 한 더 나은 삶과 현실의 격차를 인식합니다. 현재의 삶보다 더 나은 삶을 그려볼 수 있는 한, 사람들은 만족하지 않을 것입니다. 그리고 그 불만은 단순한 욕망이 아니라 정당한 동력입니다. 이 불만은 단순한 개인적 욕심이 아니라, 더 나은 조건으로 나아가도록 재촉하는 신의 정신입니다. "신은 우리 안에서 뜻을 세우고 그것을 이루게 하신다"라는 말처럼, 인간 내면에서 불타오르는 열망은 신이 인류를 통해 자신을 표현하고자 하는 열망과 다르지 않습니다. 이 불만은 인류를 끊임없이 앞으로 나아가게 만드는 창조적 에너지이자, 진보의 핵심 동력입니다.

진정한 봉사는 무엇인가?

당신이 신께 드릴 수 있는 유일한 봉사는 신이 당신을 통해 세상에 전하고자 하는 것을 표현하는 것입니다. 그것은 곧 당신 자신을 최대한으로 발전시키는 것이며, 이를 통해 신이 당신 안에서 당신의 모든 가능성을 통해 살아갈 수 있도록 하는 것입니다. 제가 《부는 어디서 오는가 The Science of Getting Rich》라는 이전 저서에서 이야기한 한 소년의 예는 이 진리를 잘 설명합니다. 그는 피아노 앞에 앉아 있었지만, 훈련되지 않은 손 때문에 그의 영혼 속에 담긴 음악을 제대로 표현할 수 없었습니다. 이는 신이 우리 안에서 얼마나 위대한 일을 하고 싶어 하는지를 보여주는 완벽한 비유입니다. 당신이 당신 손과 발, 마음과 뇌, 그리고 몸을 훈련하고 성장시킨다면, 신은 당신과 함께 더 큰 일, 위대한 일을 이룰 준비를 하고 계십니다. 신께 드릴 수 있는 진정한 봉사는 당신이 가진 모든 잠재력을 개발하여, 신이 당신을 통해 온전히 표현될 수 있도록 돕는 것입니다.

당신이 신, 자신, 그리고 세상을 위해 해야 할 가장 중요한 의무는 자신을 가능한 모든 면에서 위대한 인격으로 성장시키는 것입니다. 이것이야말로 의무에 대한 모든 고민을 명확히 해결하는 길입니다.

이 장을 마무리하기 전에 몇 가지 중요한 사안을 추가로 짚고자 합니다. 앞선 장에서 기회에 관해 이야기하며, 《부는 어디서 오는가》에서 모든 사람이 부자가 될 수 있다고 주장했던 것처럼, 이 책에서도 모든 사람이 위대해질 가능성을 가지고 있다고 설명했습니다. 그러나 이러한 주장은 몇 가지 보완이 필요합니다. 세상에는 지나치게 물질적 관점에 갇혀 이 책에서 제시하는 철학을 이해하지 못하는 사람들이 있습니다. 또한, 오랜 세월 반복적인 일상에 매몰되어 새로운 사고방식을 받아들일 준비가 되지 않은 사람들도 많습니다. 이런 사람들에게는 말로 설명하는 것만으로는 부족합니다. 그들에게 영향을 미치기 위해서는 삶으로 직접 보여주는 것이 더 효과적입니다. 따라서, 우리는 자신을 위대한 인격으로 성장시켜 그들에게 영감을 주어야 합니다. 우리의 삶 자체가 메시지가 되어, 그들 역시 스스로 위대해지고자 하는 열망을 품게 하는 것입니다. 이는 단지 개인의 성장에 그치는 것이 아니라, 다음 세대가 더 나은 사고의 환경 속에서 살아갈 수 있도록 세상을 준비시키는 중요한 의무입니다.

의무와 가족 사이의 균형

자신을 성장시키고 세상으로 나아가고자 하지만 가족의 책임이나 의무 때문에 갈등을 겪는 분들이 종종 제게 편지를 보내옵니다. 이들은 자신에게 의존하는 가족들이 혼자 남겨졌을 때 겪을 고통을 걱정하며, 자신이 선택한 길을 따라 나아가야 하는지 주저합니다. 이런 분들에게 저는 대체로 두려움을 떨치고, 담대하게 앞으로 나아가 자신을 최대한 성장시키라고 조언합니다. 당신이 자신을 발전시키고 더 나은 사람이 되는 것은 단지 개인적인 이득에 그치지 않습니다. 이는 결국 가족과 주변 사람들에게 더 큰 혜택과 안정을 가져다주는 길입니다. 만약 가정에서 일시적인 손실이 발생한다면, 그것은 단지 잠깐의 일일 것입니다. 당신이 자신의 내적 확신과 목표를 따라 나아간다면, 머지않아 이전보다 더 나은 방식으로 가족들을 돌볼 수 있는 능력과 자질을 갖추게 될 것입니다.

제21장

마음을 훈련하는 법

"마음을 다스리는 자가 자신의 운명을 통제합니다."

마음 훈련의 본질

 마음 훈련의 목적은 단순한 반복적인 행동이 아닙니다. 정해진 문구를 반복하거나 특정 기도를 되뇌는 것만으로는 특별한 효과를 기대할 수 없습니다. 마음 훈련이란, 단순히 말이나 문장을 반복하는 것이 아니라, 특정한 생각을 의식적으로 연습하고 내면화하는 과정입니다. 괴테^{Johann Wolfgang von Goethe}는 다음과 같이 말했습니다. "우리가 반복적으로 듣는 문구는 결국 우리의 신념이 되고, 반복적으로 하는 생각은 우리의 습관이 되어 우리 자신을 형성한다."

사고를 습관으로 만드는 힘

마음 훈련의 핵심은 특정한 사고를 반복함으로써 그것을 습관으로 만들어 우리의 일상적인 사고방식으로 자리 잡게 하는 것입니다. 목적을 명확히 이해하고 이를 제대로 실행한다면, 마음 훈련은 개인의 성장을 이루는 데 엄청난 가치를 지닌 도구가 될 수 있습니다. 하지만 단순히 습관적으로 반복하거나, 무의식적으로 접근한다면, 마음 훈련은 오히려 효과를 내지 못할 뿐 아니라 혼란을 초래할 수도 있습니다. 따라서, 마음 훈련을 올바르게 이해하고 의식적으로 실행하는 것이 중요합니다. 그것은 단순한 외우기나 반복이 아니라, 내면의 변화를 일으키는 적극적인 과정임을 기억해야 합니다.

다음 훈련에서 다루는 생각들은 당신 삶에 깊이 새겨야 할 중요한 내용들입니다. 하루에 한두 번씩 훈련을 수행하는 것이 좋지만, 단순히 정해진 시간 동안만 떠올리고 잊어버리는 방식으로 접근해서는 안 됩니다. 이 훈련의 핵심은 이러한 생각들이 지속적으로 마음속에 자리 잡고, 자연스러운 사고 습관으로 이어지도록 하는 데 있습니다.

훈련을 시작하기 전, 방해받지 않고 20~30분 정도의 시간을 확보하세요. 가장 먼저, 몸을 완전히 편안한 상태로 만드는 것이 중요합니다. 안락의자에 앉거나, 소파에 눕거나, 침대에 누워 몸을 이완하십시오. 등을 대고 똑바로 누운 자세가 가장 이상적입니다. 이러한 자세는 몸의 긴장을 풀고, 마음이 생각에 집중하도록 도와줍니다.

시간이 부족하다면, 잠들기 전이나 아침에 일어나기 전에 이 훈련을 수행하는 것도 좋은 방법입니다. 이 시간대는 마음이 비교적 고요하고 집중하기 쉬운 상태이므로, 훈련의 효과를 극대화할 수 있습니다.

실전 적용

먼저 머리끝에서 발끝까지 천천히 몸을 스캔하듯 주의를 기울이며 모든 근육을 하나씩 이완시키십시오. 몸이 완전히 이완되도록 하십시오. 그런 다음, 신체적 긴장이나 고민으로부터 마음을 편안히 하십시오. 척추를 따라 주의를 아래로 내리고, 신경 에너지가 사지로 퍼져 나가는 모습을 상상하면서 다음과 같이 생각하십시오.

"내 신경은 온몸에서 완벽히 작동하며, 내 의지에 충실히 반응한다. 나는 강하고 활기찬 신경 에너지를 가지고 있다."

다음으로, 폐에 주의를 기울이며 생각하십시오.

"나는 깊고 고르게 숨을 쉬며, 신선한 공기가 폐의 모든 세포에 스며든다. 내 폐는 완벽한 상태에 있고, 내 혈액은 정화되어 깨끗하고 건강하게 유지된다."

그다음, 심장으로 주의를 옮기며 다음과 같이 생각하십시오.

"내 심장은 강하고 규칙적으로 뛰며, 혈액은 손끝과

발끝까지 완벽히 순환한다."

이어서 소화 기관에 주의를 돌려 계속 훈련을 이어가십시오.

"내 위장과 장은 그 기능을 완벽히 수행하고 있다. 음식은 효과적으로 소화되고 흡수되어 내 몸은 재건되고 충분히 영양을 공급받고 있다. 내 간, 신장, 방광은 부담 없이 각자의 역할을 완벽히 수행하고 있다. 나는 완벽히 건강하다. 내 몸은 깊은 휴식 속에 있고, 내 마음은 고요하며, 내 영혼은 평화롭다."

"나는 재정적 문제나 그 외의 어떤 일에도 불안을 느끼지 않습니다. 내 안에 계신 신은 내가 원하는 모든 것 속에서도 함께 계시며, 그것들이 나에게 다가오도록 이끌고 계십니다. 내가 원하는 모든 것은 이미 내게 주어졌습니다. 건강에 대해서도 걱정이 없습니다. 나는 완벽히 건강하며, 어떤 두려움이나 걱정도 없습니다."

"나는 모든 도덕적 유혹을 초월합니다. 탐욕, 이기심, 좁은 개인적 야망을 모두 떨쳐냅니다. 어떤 생명에게도 질투나 악의, 적의를 품지 않습니다. 나는 나의 가장 높은 이상에 부합하지 않는 어떤 행동도 따르지 않을 것입니다. 나는 옳은 길에 서 있으며, 올바르게 살아갈 것입니다."

관점

세상은 올바르게 돌아가고 있으며, 완벽함을 향해 나아가고 있습니다. 나는 사회적, 정치적, 산업적 삶의 현실을 이와 같은 관점에서만 바라볼 것입니다. "보십시오, 모든 것이 매우 좋습니다." 이 진리를 깊이 받아들입니다.

나는 모든 인간, 내 지인들, 친구들, 이웃들, 그리고 가족 구성원들까지 이 동일한 시각으로 바라볼 것입니다. 그들 모두 선하며, 각자 자신의 자리에서 올바른 목적을 향해 나아가고 있습니다. 우주에는 잘못된 것이 없으며, 잘못될 수도 없습니다.

오직 나의 개인적인 태도가 문제일 수 있을 뿐입니다. 이제부터는 나의 태도를 항상 올바르게 유지하며, 신뢰와 믿음을 바탕으로 살아가겠습니다. "나는 전적으로 신을 믿고 의지합니다."

내적 충실

나는 내 영혼의 목소리를 따르며, 내 안에서 가장 높은 본질에 충실할 것입니다. 모든 일에서 순수하고 올바른 기준을 내면에서 찾고, 그것을 발견하면 삶 속에서 구현할 것입니다. 이미 성장해 의미를 잃은 것들은 과감히 내려놓고, 내가 상상할 수 있는 가장 나은 방향으로 나아가겠습니다.

모든 관계에 대해 가장 고귀한 생각을 품으며, 내 태도와 행동이 이러한 생각을 반영하도록 할 것입니다.

내 몸은 내 마음의 지배를 따르며, 내 마음은 영혼의 인도를 따를 것입니다. 그리고 내 영혼은 신의 뜻에 온전히 맡겨 그 방향으로 나아갈 것입니다.

자아 인식

우주는 오직 하나의 본질과 근원으로 이루어져 있으며, 나는 그 근원으로부터 나왔고 그와 하나입니다. 그것은 나의 시작이자 나의 본질이며, 나는 그와 끊임없이 연결되어 있습니다. 나의 근원과 나는 하나이며, 그 근원은 나보다 위대하며 나는 그의 뜻을 따릅니다.

나는 순수한 존재와의 의식적 일체감을 온전히 받아들이며, 오직 하나만이 존재하고 그 하나는 어디에나 있습니다. 나는 영원한 의식과 하나 되어 있습니다.

이상 추구

당신이 되고자 하는 모습, 그리고 상상할 수 있는 가장 고귀하고 완전한 자신을 마음속에 선명하게 그려보십시오. 이 이상적인 모습을 깊이 생각하며, 다음과 같이 되뇌십시오.

'이것이 진정한 나의 모습입니다. 이것은 내 영혼의 본질이며, 나는 지금 이 상태로 존재하고 있습니다. 나는 이미 내면에서 이러한 존재이며, 외적으로도 점차 이러한 모습으로 변화하고 있습니다.'

현실화

나는 내가 되고자 하는 모습이 되며, 하고자 하는 일을 이룰 힘을 내 안에 받아들입니다. 창조적 에너지가 나를 통해 흐르고, 우주의 모든 힘은 나의 것입니다. 나는 힘과 자신감을 가지고 나아가며, 신에게서 오는 무한한 힘으로 위대한 일을 이루어낼 것입니다. 나는 신을 신뢰하며, 어떤 두려움도 나를 방해하지 않을 것입니다. 신이 항상 나와 함께 계시기 때문입니다.

제22장

위대함에 이르는 마지막 열쇠

"위대함은 생각, 행동, 그리고 내면의 신뢰에서 시작됩니다."

내면에 잠재된 위대함

모든 사람은 하나의 지적 실체로 이루어져 있으며, 동일한 본질적 능력과 가능성을 지니고 있습니다. 위대함은 모든 사람 안에 내재하여 있으며, 누구나 이를 발현할 수 있는 잠재력을 가지고 있습니다. 신의 모든 요소는 인간 안에도 존재하며, 이에 따라 모든 이는 위대해질 가능성을 품고 있습니다.

인간은 영혼에 내재한 창조적 능력을 발휘함으로써 유전적 한계와 환경적 제약을 극복할 수 있습니다. 위대한 사람이 되기 위해서는 영혼이 직접 행동에 나서야 하며, 마음과 몸을 다스리는 주체가 되어야 합니다. 인간 지식은 한계가 있고, 무지로 인해 종종 오류를 범하기 쉽습니다. 이러한 오류를 피하기 위해서는 자신 영혼을 우주적 정신과 연결해야 합니다.

우주적 정신은 모든 것의 근원이 되는 지적인 실체입니다. 그것은 만물 속에 스며 있으며, 만물을 통해 작용합니다. 이 거대한 정신은 모든 것을 알고 있으며, 인간 또한 자신을 이 정신과 하나로 연결함으로써 모든 지식에 접근할 수 있는 경지에 이를 수 있습니다.

사람이 위대해지기 위해서는 자신을 신과 분리하는 모든 장애물을 제거해야 합니다. 고귀하고 이상적인 삶을 살겠다는 의지를 가지고, 모든 도덕적 유혹을 초월하며, 자신의 가장 높은 이상과 어긋나는 모든 행동을 과감히 버려야 합니다.

올바른 관점과 이상적 삶의 실천

사람은 올바른 관점을 가져야 합니다. 신이 모든 것 안에 존재하며, 세상에 잘못된 것이 없다는 사실을 깨달아야 합니다. 자연, 사회, 정부, 그리고 산업은 현재 단계에서 완벽하며, 더 나은 완성을 향해 나아가고 있음을 인식해야 합니다. 모든 사람은 선하며, 각자 자리에서 완벽함을 실현하고 있다는 사실을 이해해야 합니다. 세상이 올바르게 흘러가고 있음을 믿고, 신과 하나 되어 이 완벽한 작품의 완성을 위해 협력하는 자세를 가져야 합니다. 사람이 신을 모든 존재 속에서 끊임없이 진보하는 위대한 존재로 인식하고, 세상 속에서 선함과 완벽함을 발견할 때, 진정한 위대함에 이를 수 있습니다.

사람은 내면에서 가장 고귀한 것을 섬기겠다는 헌신이 필요합니다. 영혼의 목소리를 따르고 이를 실천해야 합니다. 모든 사람 내면에는 그를 최고로 이끄는 '내면의 빛'이 존재합니다. 이 빛에 의해 인도받을 때 비로소 진정한 위대함에 도달할 수 있습니다.

사람은 자신이 신과 연결되어 있다는 사실을 인정하고, 이 연합을 스스로에게 그리고 다른 이들에게 확신 있게 표현해야 합니다. 자신을 평범함을 넘어선 존재로 인식하고, 그에 걸맞은 행동을 해야 합니다. 자기 내면에서 발견한 진리를 절대적으로 신뢰하며, 이를 가정에서부터 실천해야 합니다. 작은 일에서도 올바른 길과 진리를 발견하면 주저하지 말고 그 길을 선택해야 합니다.

사람은 자신을 가장 고귀한 모습으로 마음속에 그려내야 합니다. 그리고 이 이미지를 자신의 습관적인 사고 형태로 자리 잡을 때까지 지속적으로 유지해야 합니다. 이러한 생각은 항상 의식 속에 두고, 자기 행동을 통해 외적으로 실현하고 표현해야 합니다. 그는 모든 일을 위대한 방식으로 행해야 합니다. 가족, 이웃, 친구들과의 관계에서조차, 그의 모든 행동이 자신의 이상을 드러내는 표현이어야 합니다.

올바른 관점을 가지고, 자기 내면에 온전히 헌신하며, 자신을 위대한 존재로 이상화하고, 사소한 일조차 자신의 이상을 표현하는 행동으로 여기는 사람은 이미 위대함에 도달한 것입니다. 그는 모든 일을 위대한 방식으로 해낼 것이며, 그의 존재는 드러나게 될 것입니다. 그는 강력한 인격체로 인정받으며, 필요한 모든 지식을 영감으로 얻게 될 것입니다. 그는 자신이 마음속에 그려낸 모든 물질적 풍요를 손에 넣게 될 것이며, 선한 것에 대한 부족함이 없을 것입니다. 어떠한 상황이 닥치더라도 이를 해결할 능력을 부여받을 것이며, 그의 성장과 발전은 지속적이고 빠르게 이루어질 것입니다. 위대한 일들이 스스로 그를 찾아올 것이며, 모든 사람이 그를 존경하고 기꺼이 그에게 영예를 돌릴 것입니다.

이 책을 공부하는 독자에게 특별한 가치를 지닌 에머슨$^{\text{Ralph Waldo Emerson}}$의 에세이 《오버소울》^{Oversoul}를 이 책의 마지막에 소개하며 마무리하고자 합니다. 이 탁월한 에세이는 일원론의 기본 원칙과 위대함의 과학

이 근거하는 핵심 원리를 보여줍니다. 저는 이 책과 함께 에머슨의 에세이를 신중히 공부할 것을 강력히 권합니다. 에머슨의 통찰은 위대함을 이해하고 실천하는 데 필수적인 기초를 제공합니다.